W0287113

Blickfeld Deutsch 4

Arbeitsheft

herausgegeben von Ulrike Blattert
Kirsten Krebsbach

erarbeitet von Ulrike Blattert
Andrea Bodmann
Kirsten Krebsbach
Juliane Rieche
Claudia Schuler
Jörg Sekler
Katharina Völcker-Lesaar

Schöningh

www.schoeningh-schulbuch.de
Schöningh Verlag, Jühenplatz 1 – 3, 33098 Paderborn

Druck 6 5 4 / Jahr 2014 13 12
Die letzte Zahl bezeichnet das Jahr dieses Druckes.

Illustrationen: Matthias Berghahn, Bielefeld
Umschlaggestaltung: Yvonne Junge-Illies/INNOVA, Borchen
(Foto: Verlagsarchiv Schöningh/Karlheinz Kuhn)
Druck und Bindung: westermann druck GmbH, Braunschweig

ISBN 978-3-14-028885-9

Inhaltsverzeichnis

Die Welt über uns: Der Himmel – Sachtexte und Schaubilder erschließen

Alles Theater! – Rund ums Schreiben

Die Welt der Mayas – Indirekte Rede und Adverbialsätze für Fortgeschrittene

Zu Tisch! – Schwierige Fälle der Rechtschreibung und Zeichensetzung

Die Welt über uns: Der Himmel – Sachtexte und Schaubilder erschließen

Informationen aus Sachtexten visualisieren

Eine Skizze erstellen

Sachtexte veranschaulichen

Sachtexte bereiten manchmal Schwierigkeiten, weil wir uns die Dinge, die dort behandelt werden, nicht richtig vorstellen können oder sie nicht richtig verstehen. Wenn man sich die Informationen des Textes merken will, kann es helfen, den Text in ein Bild umzusetzen. Dem Gehirn fällt es dann leichter, die Informationen aufzunehmen und zu ordnen. Ein **Schaubild** dient dazu, einen Sachtext auf das Wesentliche zu reduzieren und komplizierte Sachverhalte übersichtlich darzustellen. Zudem werden Einzelinformationen in einem Schaubild in Zusammenhang gebracht.

Wie Menschen sich früher die Welt erklärten

Seit es Menschen gibt, hatten sie das Bedürfnis, sich den Ursprung der Welt und die in der Natur wirkenden Kräfte zu erklären. Der Mensch nimmt die Welt nicht einfach hin, wie sie ist, sondern ist verwundert und fragt nach Gründen. Er möchte den Sinn seines Lebens und seinen Platz im ganzen Kosmos verstehen. Als Kosmos verstehen wir eine geordnete und verstehbare Welt, in der wir uns zurechtfinden können. Vom ganzen Kosmos bewohnen und begreifen wir nur einen kleinen Teil. Er ist ein unerforschter Raum, in den wir immer weiter vordringen wollen. Schon in den frühen Kulturen beobachtete man den Himmel und setzte den Lauf der Gestirne in Beziehung zu den Ereignissen auf der Erde.

(Nach: Axel Weiß; Franz-Peter Burkard, Geheimnisvoller Kosmos. Wie die Menschen sich die Welt erklärten, Verlag Herder, Freiburg im Breisgau 1994, S. 6 f.)

1 Wie siehst du dich in Beziehung zum Kosmos? Fertige eine Skizze dazu an.

Im folgenden Text erfährst du, was wir heute über den Kosmos bzw. die Galaxie wissen.

2 Fertige ein Galaxie-Schaubild an, das dir hilft, dir den Text besser einzuprägen.
a) Unterstreiche zunächst die zentralen Begriffe, die du als Beschriftungen in deinem Schaubild brauchen wirst.
b) Achte dann genau auf die Angaben im Text zur räumlichen Verteilung und zum Aussehen der einzelnen Teile der Galaxie. Unterstreiche auch diese Angaben in einer anderen Farbe.
c) Lege nun ein passendes Schaubild an.

Denken in Zeit und Raum – was wir heute über das Weltall wissen

Heute wissen wir, dass die Sonne nur einer von rund 200 Milliarden Sternen einer riesigen Galaxie ist, die man Milchstraßensystem nennt. Man muss sich darunter eine große Scheibe aus Sternen, Gas und Staub vorstellen. Die Milchstraße hat die Form einer flachen Spirale mit dicht gewundenen Armen um einen großen, hellen Kern. Unser Sonnensystem befindet sich im äußeren Drittel dieser Spirale. Unser Sonnensystem ist also nicht etwa in der Mitte dieser Scheibe, sondern eher am Rand. Ähnlich wie die Planeten die Sonne umkreisen, dreht sich unser ganzes Sonnensystem einmal in 220 Millionen Jahren um das Zentrum des Milchstraßensystems. Dieses hat übrigens keine Sonderstellung im Weltall, sondern ist nur eine von vielen Milliarden Galaxien im uns bekannten Teil des Universums. Die Astronomen nehmen an, dass alle Orte des Weltalls gleichberechtigt sind, so dass es wohl überhaupt keinen echten Mittelpunkt gibt.

(Nach: Erich Übelacker, Was ist was? Band 16. Planeten und Raumfahrt, Tessloff Verlag, Nürnberg 2001, S. 5)

3 Auch die Griechen machten sich in der Antike ein bestimmtes Bild von der Welt. Veranschauliche das Weltbild von Philolaos durch eine Skizze.

Das Weltbild des Philolaos

Eine recht ungewöhnliche und damals nicht sehr angesehene Vorstellung von der Welt hatte der Grieche Philolaos. Er stellte in die Mitte des Weltalls ein Zentralfeuer, um das herum sich zwei Erden bewegen. Wir können unsere Gegenerde und das Zentralfeuer aber nicht sehen, weil die Erde sich so um ihre eigene Achse und um das Zentrum dreht, dass ihre bewohnten Gebiete immer davon abgewandt sind. Ein weiteres Feuer umschließt das ganze Weltall, und dieses sehen wir in der Sonne leuchten.

(Nach: Axel Weiß; Franz-Peter Burkard, Geheimnisvoller Kosmos. Wie die Menschen sich die Welt erklärten, Verlag Herder, Freiburg im Breisgau 1994, S. 23 f.)

4 Veranschauliche auch das Weltbild des Mittelalters durch eine Skizze im linken Kasten. (Der rechte Kasten bleibt zunächst noch frei.)

Das Weltbild des Ptolemäus

Im Mittelalter übernahm man von den Griechen die Vorstellung von Ptolemäus, der die Erde im Mittelpunkt der Welt sah (geozentrisches[1] Weltbild). Das passte gut zum christlichen Glauben an die Auserwähltheit des Menschen. Sein Wohnort sollte die Mitte sein, um die sich alles dreht. Die Erde steht im Mittelpunkt des Alls und die Sonne mit ihren Planeten bewegen sich um sie herum. Umschlossen wird alles von den Fixsternen, die wie auf der Fläche einer Kugel festgemacht sind. Jenseits des geschlossenen Weltalls befindet sich das Reich Gottes.

Ptolemäus

Kopernikus

[1] geozentrisches (< gr.) Weltbild: Weltsystem, das die Erde als Mittelpunkt betrachtet

5 Das folgende Bild dient zur Veranschaulichung für den Übergang vom Mittelalter zur Neuzeit.

a) Betrachte das Bild und markiere die Grenze zwischen der mittelalterlichen Welt und der Neuzeit.

b) Gib dem Bild eine Überschrift.

___

c) Beschreibe, was der abgebildete Mensch macht und was er erreichen will.

___

___

___

d) Was könnte in dem Menschen vorgehen? Schreibe Stichwörter auf, die dir hierzu einfallen.

___

___

___

Einen Zeitstrahl anlegen

M

Informationen eines Sachtextes auf einem Zeitstrahl anordnen

Insbesondere im Geschichtsunterricht gibt es viele Texte mit Informationen, die Entwicklungen über einen langen Zeitraum beschreiben. Eine Methode, um diese Informationen übersichtlich zu gestalten und sie sich besser zu merken, ist die Anordnung auf einem Zeitstrahl. Dazu ordnet man die wichtigsten Inhalte von links nach rechts so, dass eine Entwicklung von der Vergangenheit bis in die Gegenwart zu sehen ist. Meistens ist es sinnvoll, das Blatt dafür im Querformat zu benutzen.

6 Im folgenden Text findest du Namen von Wissenschaftlern, die für die Erforschung der Galaxie wichtig waren.

a) Unterstreiche die Namen mit unterschiedlichen Farben.

b) Unterstreiche dann jeweils die für die Person wichtigste Erkenntnis in der gleichen Farbe.

c) Fertige eine Skizze vom kopernikanischen Weltbild im rechten Kasten auf Seite 7 an.

16. und 17. Jahrhundert – die Gelehrten streiten sich

Im 16. Jahrhundert entwickelte Nikolaus Kopernikus [Bild 1] ein neues Weltbild. Man nennt es das heliozentrische Weltbild, weil die Sonne (Helios) im Mittelpunkt (Zentrum) steht und von der Erde und den Planeten umkreist wird. Bis in seine Zeit glaubten fast alle Gelehrten an das geozentrische Weltbild des Ptolemäus (die Erde wird vom Himmel mit allen Planeten und Sternen umkreist), das sich weit über 1000 Jahre behauptet hatte. Und doch sollte es fast noch 100 Jahre dauern, bis sich die Lehre des Kopernikus – und mit ihr die Naturwissenschaft – endgültig durchsetzte. Zunächst versuchte der dänische Astronom Tycho Brahe [Bild 2] durch sorgfältige Messungen der Sternenpositionen das System des Kopernikus zu widerlegen. Weil er die zentrale Stellung der Erde nicht aufgeben wollte, war sein Weltbild ein Kompromiss: Die Erde steht im Mittelpunkt, aber die anderen Planeten kreisen um die Sonne, die sich mit ihnen um die Erde dreht.

Sein Schüler Johannes Kepler [Bild 3] bewies 1609 auf der Grundlage der Daten von Brahe, dass die Bahnen der Planeten nicht kreisförmig, sondern Ellipsen sind (im geozentrischen System galt der Kreis als einzig mögliche Form der Planetenbahnen). Mithilfe der Kepler'schen Gesetze konnte man nun die Planetenbahnen exakt berechnen. 1608 erfand man in Holland das Fernrohr. Galileo Galilei [Bild 4], ein italienischer Mathematikprofessor, verbesserte die Qualität der Fernrohre seiner Zeit erheblich. So konnte er 1610 mit 30-facher Vergrößerung als erster Mensch den Jupiter mit seinen vier Monden und unzählige Sterne der Milchstraße beobachten. Durch seine Entdeckung der Venusphasen (die Venus steht manchmal vor und manchmal hinter der Sonne) konnte Galilei einen entscheidenden Hinweis auf das heliozentrische System finden, denn im alten System wäre es unmöglich gewesen, dass sich die Sonne und ein Planet kreuzen, da alles zugleich um die Erde kreist. Doch auch im 17. Jahrhundert war es noch gefährlich, ein Anhänger der kopernikanischen Lehre zu sein. Die Kirche verbot Galilei, seine Erkenntnisse zu verbreiten, damit ihr mittelalterliches Weltbild nicht ins Wanken geriet. 1633 schließlich zwang die Inquisition[1] Galilei, seine Aussagen öffentlich zu widerrufen.

Doch dieser letzte Widerstand konnte die neue Wissenschaft von der Natur nur kurz hemmen. Die Sonne wurde zunächst zum Zentrum des Universums erhoben, und die spätere Forschung bestätigte die Gedanken von Giordano Bruno [Bild 5], dass das Universum aus unendlich vielen anderen Welten besteht. Der

[1] die Inquisition (< lat. inquisitio = gerichtliche Untersuchung): Untersuchung durch die katholische Kirche gegen Gläubige, die von der offiziellen Kirchenmeinung abwichen, zur Reinerhaltung des Glaubens

italienische Philosoph hielt es bereits Ende des 16. Jahrhunderts für möglich, dass die Sterne nur andere Sonnen sind, um die sich wieder andere Planeten drehen, die sogar bewohnt sein könnten. Für Kopernikus war der Sternenhimmel noch eine feste und unbewegte Hülle – das Ende des Universums. Mit seiner Theorie von der Unendlichkeit des Universums ging Bruno bereits weit über die Annahmen des Kopernikus hinaus.

(Aus: Axel Weiß; Franz-Peter Burkard, Geheimnisvoller Kosmos. Wie die Menschen sich die Welt erklärten, Verlag Herder, Freiburg im Breisgau 1994, S. 28–31)

d) Ordne die Informationen übersichtlich auf einem Zeitstrahl an, den du in dein Heft übernimmst (Querformat!) und auf dem du auch die jeweiligen Jahreszahlen einträgst.

Name	Ptolemäus	Kopernikus
		16. Jh.
Erkenntnis/ Entdeckung		heliozentrisches Weltbild endliches Weltbild Sternenhimmel feste Hülle

Einen Sachtext illustrieren

Bilder zum Verstehen von Texten nutzen

Bilder helfen, einen Text schneller und genauer zu erfassen. Beim Betrachten der Bilder holt unser Gehirn alle Informationen herbei, die dort bereits gespeichert sind. Vor dem Hintergrund dieser Informationen fällt es leichter, die neuen Informationen aufzunehmen und einzuordnen. Bilder spielen also beim Lesen von Texten eine wichtige Rolle und sollten daher bewusst wahrgenommen werden.

Der folgende Text ist kein Sachtext, obwohl er auch Informationen über die Galaxie enthält. Der Autor dieses Buches – Kjartan Poskitt – hat sich dem Thema auf eine unterhaltsame Weise genähert, was es dem Leser ebenfalls erleichtert, den Inhalt zu verstehen und sich zu merken.

7 Unter dem Text findest du sieben Bilder aus dem Buch, die die beschriebenen Elemente der Galaxie illustrieren. Ein Bild ist bereits im Text verarbeitet.
Markiere, wo genau du das jeweilige Bild im Text verankern würdest, indem du die Bildnummer im Text platzierst.

Kjartan Poskitt: Was gehört alles zur Galaxie?

Natürlich können wir hier nicht ALLES aufzählen – wie Ameisen, Socken, Pommesbuden und so weiter. Hier ein grober Überblick der Teile, die im Weltall so rumfliegen. Zunächst die größten:

Sterne

Unsere Galaxie enthält etwa eine Billion Sterne. Sterne sind riesige Gasbälle, die durch Kernreaktionen in ihrem Innern Energie erzeugen. Sie unterscheiden sich nach Größe, Temperatur und Alter, aber alle „verbrennen" wie verrückt und erzeugen dabei Wärme und Licht, und daher können wir sie sehen.

Sonnensystem

Unser Sonnensystem enthält unseren höchstpersönlichen Stern, den wir Sonne nennen, sowie die Planeten und andere Teile, die um die Sonne herumfliegen. Unsere Sonne ist zwar nur ein eher kleiner Stern, aber seid nicht enttäuscht: Wäre sie größer, wären wir alle schon längst verbrutzelt.

Planeten

Unsere Sonne wird von einer Reihe von Planeten umkreist. Soweit wir wissen, sind es in unserem Sonnensystem neun: Merkur, Venus, Erde, Mars, Jupiter, Saturn, Uranus, Neptun und Pluto.[1] Die richtige Reihenfolge könnt ihr euch leicht mit einem Merksatz einprägen: „Mein Vater erklärt mir jeden Samstag unsere neun Planeten." Die Anfangsbuchstaben der Wörter entsprechen denen der Planeten. Die Sonne ist viel größer als alle Planeten und Planeten erzeugen auch kein Licht – wir können sie nur deshalb sehen, weil sie von der Sonne beleuchtet werden.

Satelliten (oder Monde)

„Satellit" kann alles Mögliche bedeuten, aber im Grunde ist es ein kleineres Ding, das sich an ein größeres hängt, weil es nicht weiß, wohin es fliegen soll. (Falls ihr mal ein großer Popstar werdet, habt ihr auch einen Haufen Satelliten; die nennen sich aber PR-Leute, Agenten und Imageberater.) Die Erde hat einen natürlichen Satelliten, den Mond, der die Erde umkreist – wo auch immer die Erde hingeht, kommt der Mond mit. Die Erde hat auch tausende von unnatürlichen Satelliten, wie Raumstationen und Satellitenschüsseln und sonstigen Weltraummüll. Manche Planeten haben gar keinen Mond, andere hingegen haben mehr Monde [...].

Kometen

Kometen sind einfach toll. Während alle sonstigen Teile friedlich im Sonnensystem kreisen und den anderen aus dem Weg gehen, sausen Kometen aus eigenem Antrieb von einem Ende zum andern und wieder zurück. Einfach phänomenal! Ein normaler Komet ist übrigens im Grunde nichts anderes als ein großer schmutziger Schneeball. Selbst die allergrößten haben nur einige Kilometer Durchmesser. Verglichen mit anderen Himmelskörpern ist das wirklich winzig!

Asteroiden

Das sind Brocken aus Gestein und Metall, die im Weltall herumfliegen. In unserem Sonnensystem befinden sich die meisten im „Asteroidengürtel" zwischen Mars und Jupiter. Der größte Asteroid darin hat einen Durchmesser von 1 000 Kilometern – wie klein der kleinste ist, weiß niemand, weil er zu klein ist. (Das Tolle am Weltall ist, dass es darin eine Menge Sachen gibt, die keiner kennt, also könnt ihr euch was ausdenken, und niemand kann mit Bestimmtheit sagen, dass ihr euch irrt. Ihr könnt sogar sagen, dass der kleinste Asteroid aus Marmelade ist und Französisch spricht, und niemand kann beweisen, dass ihr lügt.)

Meteoriten

Übel! Das sind im Allgemeinen entlaufene Asteroiden oder Kometen, die auf die Erde stürzen. Sie werden so heiß, dass sie verbrennen, wenn sie durch die Atmosphäre sausen; dabei schrumpfen sie gehörig und sind daher viel kleiner, wenn sie den Erdboden erreichen. Zum Glück! Damit ihr eine Vorstellung habt, wie gewaltig sie sind: Vor Millionen von Jahren traf ein Meteorit Kanada; er hinterließ einen Krater von vier Kilometern Durchmesser! Der größte Meteorit, der auf der Erde gefunden wurde, wiegt 55 Tonnen. Er war in

---

[1] Später im Kapitel erfährst du noch etwas über die neuesten Entwicklungen zu diesem Thema, denn seit Neuestem soll Pluto nicht mehr zu dieser Gruppe gehören.

Namibia gelandet – fast ein Wunder, dass es Namibia immer noch gibt! Einige Leute glauben, dass ein riesiger Meteorit die Erde vor 65 Millionen Jahren traf; in dem ganzen Chaos starben die Dinosaurier aus. Aber vielleicht sind auch alle Dinosaurier aufeinandergestiegen und der Meteorit hat sie alle auf einmal zermatscht. So genau weiß das eigentlich keiner.

Meteore

Das sind winzige Staubkörnchen, die Kometen hinterlassen haben und die völlig verbrennen, wenn sie in die Erdatmosphäre eintreten. Man nennt sie Sternschnuppen und wenn ihr zum Beispiel in den ersten beiden Augustwochen geduldig in einen klaren Nachthimmel hochschaut, könnt ihr ein paar sehen. Ihr könnt natürlich auch sonst zufällig einmal eine Sternschnuppe sehen, aber es gibt bestimmte Zeiten im Jahr, in denen sie besonders häufig vorkommen. So klein er auch ist – wenn ein Meteor eine Rakete trifft, kann er sehr viel Schaden anrichten, denn im All rast alles geradezu unverantwortlich schnell dahin. Eigentlich müssten ständig Strafzettel verteilt werden. (Selbst IHR tut das – während ihr dies lest, fliegt ihr mit über 100 000 Stundenkilometern um die Sonne. Festhalten!) Das war also die Liste der Brocken und Bröckchen, mit denen wir unsere Galaxie teilen. Ganz schön beachtlich, die Kollegen, oder? [...]

(Aus: Kjartan Poskitt, Echt galaktisch, das Weltall, übersetzt von Michael Schmidt, Loewe Verlag, Bindlach 1998, S. 9–13)

8 Wie du siehst, wird ein Aspekt im Text nicht illustriert. Finde heraus, welcher das ist, und illustriere ihn dann selber.

9 Natürlich sind dir an dem Text die Elemente aufgefallen, die ihn von einem Sachtext in einem wissenschaftlichen Buch unterscheiden. Benenne drei solche Merkmale.

- ______________________________
____
- ______________________________
____
- ______________________________
____

Eine Mind-Map anlegen

Eine Mind-Map anlegen

Eine Mind-Map wird verwendet, um Informationen und Zusammenhänge knapp, anschaulich und nach Sachgebieten geordnet darzustellen. Dabei wird das Thema in die Mitte gesetzt, die weiteren Ergebnisse werden auf verschiedenen Haupt- und Nebensträngen rundum platziert. Man entwickelt sozusagen eine Landkarte (engl.: map) aus Gedanken (engl.: mind). Dabei können auch die einzelnen Äste und Verzweigungen jeweils miteinander verbunden werden.

10 Filtere das Wesentliche aus dem Text S. 11 f. heraus, indem du zunächst die wissenschaftlichen Fakten suchst. Ordne die wichtigsten Fakten in einer eigenen Mind-Map an. Dabei passt ein Aspekt aus dem Text nicht in die Systematik.

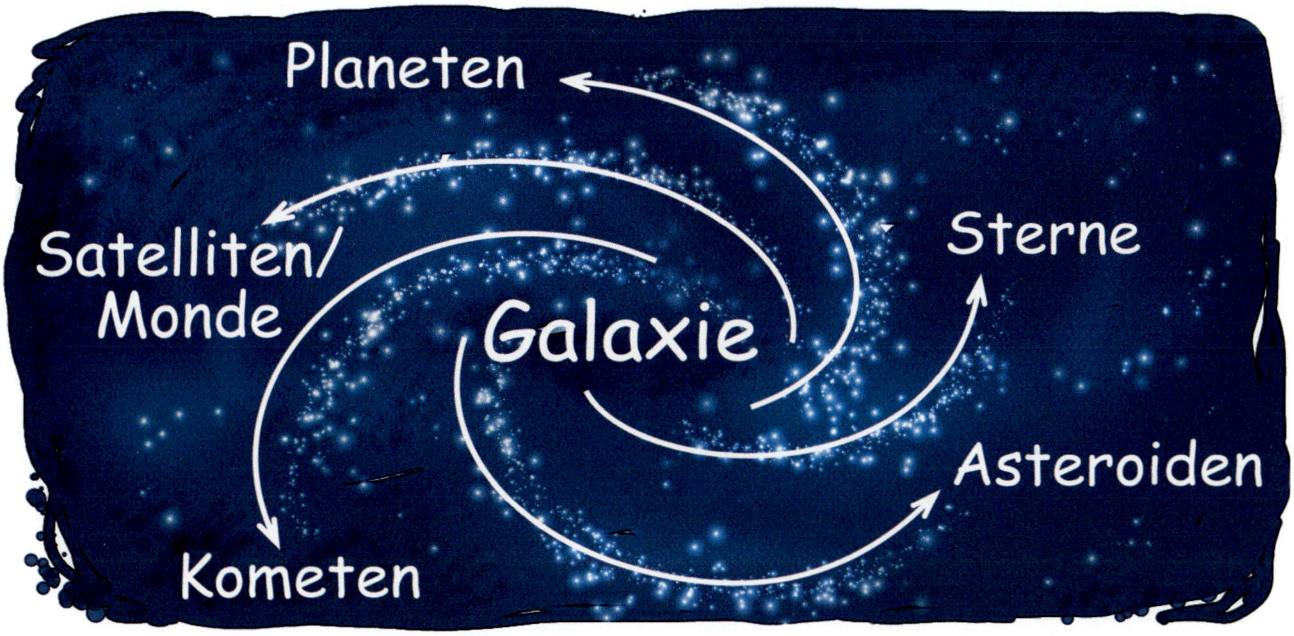

Mit Tabellen und Schaubildern arbeiten

Einer Tabelle Informationen entnehmen

Mithilfe von Tabellen lassen sich umfangreiches Zahlenmaterial, Daten und andere Inhalte auf gedrängtem Raum übersichtlich darstellen und anschaulich vermitteln. Bei der Auswertung sollte man sich zunächst klarmachen, welche Thematik in der Tabelle behandelt wird. Deshalb liest man zuerst sorgfältig die Tabellenüberschrift, die Spalten- und Zeilenüberschriften und alle anderen Angaben. Die genaue Auswertung besteht darin, dass man die Zahlen und Angaben miteinander in Beziehung setzt, z. B. nach bestimmten Gesichtspunkten zusammenstellt, vergleicht und daraus Schlüsse zieht.

Man unterscheidet äußere (Mars, Jupiter, Saturn, Uranus, Neptun und Pluto) und innere (Venus und Merkur) Planeten. Das folgende Schaubild lässt ganz gut erkennen, warum sie so genannt werden.

1 Schreibe eine Erklärung dazu auf.

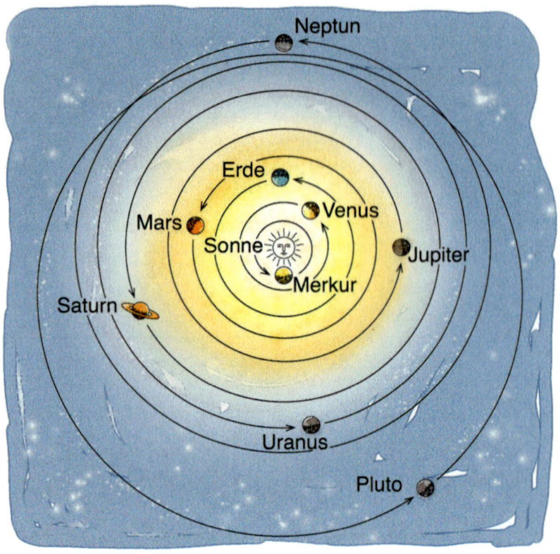

2 Einzelheiten über die verschiedenen Planeten kannst du der folgenden Tabelle entnehmen. Formuliere vier Erkenntnisse, die dir bemerkenswert erscheinen.
Z. B.: Auf Mars und Merkur scheint mir menschliches Leben am ehesten möglich, weil die dortigen Temperaturen denen auf der Erde ähnlich sind.

	Astronomisches Zeichen	Äquator-Durchmesser (km)	Umlaufzeit um die Sonne rund	Mittlere Entf. von der Sonne (Mill. km)	Dauer einer Rotation	Temperatur an der Oberfläche (°C)	Bisher bekannte Monde
Merkur	☿	4 878	88 Tage	58	58,6 Tage	–183 bis +46	–
Venus	♀	12 104	225 Tage	108	243,1 Tage	+480	–
Erde	♁	12 756	1 Jahr	149,6	23 Std. 56 Min.	–70 bis +56	1
Mars	♂	6 795	1,88 Jahre	228	24 Std. 37 Min.	–150 bis +20	2
Jupiter	♃	142 984	11,869 Jahre	779	9 Std. 55 Min.	–130	28
Saturn	♄	120 536	29,63 Jahre	1 432	10 Std. 14 Min.	–150	30
Uranus	♅	51 120	84,665 Jahre	2 884	17 Std. 12 Min.	–183	17
Neptun	♆	49 500	165,49 Jahre	4 509	16 Std. 3 Min.	–160	8
Pluto	♇	2 300	247,70 Jahre	5 966	6,39 Tage	–	1

(Aus: Erich Übelacker; Was ist was? Band 16. Planeten und Raumfahrt, Tessloff-Verlag, Nürnberg 2001, S. 6)

- ______________________________
- ______________________________
- ______________________________
- ______________________________

3 Verfasse mit fünf Informationen aus der Tabelle einen unterhaltsamen Text im Stile von Poskitt.

Der erste Mensch, der seinen Fuß auf die Venus setzt, wird davon wenig haben, weil er bei 480 Grad Oberflächentemperatur geringe Überlebenschancen hat.
...

Neun Planeten – oder doch nur acht?
Nach einer neuen Definition soll nun Pluto plötzlich nicht mehr zu den Planeten in unserem Sonnensystem gehören.

4 Schau dir noch einmal das Schaubild Seite 14 und das Schaubild unten genau an und überlege, warum jemand darauf kommen könnte, dass Pluto nun doch kein Planet ist. Notiere, was dir auffällt.

Schwierige Texte schrittweise erschließen

Am 15. September 2006 erschien in der Frankfurter Allgemeinen Zeitung ein Artikel von Günter Paul, der sich mit dem Thema Pluto beschäftigt. Der Leitartikel trug die Überschrift: „Dämlicher Hund – Die neue Planetendefinition trägt die Rechtschreibreform ins All".

1 Lass die Überschrift auf dich wirken. Notiere, worum es in dem Artikel wohl gehen wird.

___

___

___

Die Texteinsammelmethode anwenden

Die Texteinsammelmethode

Erster Schritt: Gesamtaussage einsammeln
Beginne nicht sofort mit dem Lesen, sondern wandere mit den Augen über den gesamten Text. Deine Augen werden bestimmte Wörter und Satzanfänge erfassen und am Ende kannst du sagen und aufschreiben, wovon dieser Text insgesamt handelt. Mit der Aussage: „Der Text handelt von ..." kannst du nachher gut die Zusammenfassung des Textes beginnen.

Zweiter Schritt: Teilaussagen einsammeln
Beginne nun mit dem Lesen des Textes, wobei es besser ist, laut statt leise zu lesen. Konzentriere dich dabei auf jeden einzelnen Satz. Fasse nach einem erkennbaren Abschnitt oder nach einem überschaubaren Paket von Sätzen den Gesamtabschnitt in einer Aussage zusammen. Gehe in dieser Art und Weise den gesamten Text durch. Am Ende liest du deine Zusammenfassungen aufmerksam durch und verbesserst sie, wenn es nötig ist. Du hast nun schon über die Hälfte des Textes verstanden.

Dritter Schritt: Textbesonderheiten einsammeln
Nun hast du den Text einmal gelesen und wanderst noch einmal mit den Augen darüber. Du suchst nach Aussagen und Begriffen, die dir besonders bedeutsam erscheinen. Diese markierst du (am besten mit einem Textmarker) oder schreibst sie heraus. Achte aber darauf, dass du höchstens ein Fünftel des Textes markierst. Diese Sätze liest du noch einmal durch. Nun hast du alle Textaussagen eingesammelt, die du verstehen konntest. Erst jetzt solltest du dich dem unverstandenen Rest zuwenden.

Vierter Schritt: Letzte Unklarheiten klären
Je nachdem, wie schwierig ein Text ist, wird es ganze Sätze oder einzelne Begriffe geben, die unverständlich geblieben sind. Markiere diese – am besten mit einem Rotstift. Nun wirst du ein Wörterbuch zur Hand nehmen müssen. Wenn es erlaubt ist, schreibe dir kleine Erklärungen an den Rand des Textes. Jetzt kannst du natürlich auch deine Lehrerin, deinen Lehrer oder eine andere Person um Rat fragen.

Fünfter Schritt: Textverständnis überprüfen
Es nützt nicht viel, wenn man einen Text nur bearbeitet, ohne darüber zu sprechen. Fasse am Ende den Text zusammen, am besten laut gegenüber deinen Mitschülern. Wenn du dabei feststellst, dass dir noch einiges unklar geblieben ist, kannst du noch einmal nachschauen. Übe die Texteinsammelmethode mehrfach. Du wirst sehen, dass dir der Umgang mit schwierigen Texten immer leichter fallen wird.

(Nach: Wolfgang Mattes, Methoden für den Unterricht, Schöningh Verlag, Paderborn 2002, S. 110)

2 Wende nun die Texteinsammelmethode auf den folgenden Zeitungsartikel von Günter Paul an. Sicher wird dir in dem Text einiges bekannt vorkommen, was du in diesem Kapitel gelernt und dir an Wissen erarbeitet hast. Du kannst dir natürlich auch Skizzen und Schaubilder anfertigen, die dir helfen, den Text zu verstehen.

Günter Paul: Dämlicher Hund – Die neue Planetendefinition trägt die Rechtschreibreform ins All

Eine neue Definition scheint nötig, weil man andere Objekte gesichtet hat, die ähnlich groß sind wie Pluto. Man will aber nicht weitere Objekte zu Planeten machen.

Pluto ist als Planet entthront und damit seines Glanzes beraubt worden. So lautet verkürzt das Fazit der blamablen Nacht-und-Nebel-Aktion einiger Astronomen, die auf einer Generalversammlung der Internationalen Astronomischen Union in Prag erstmals den Begriff „Planet" definiert haben. Die Forscher hatten eine solche Definition für notwendig gehalten, weil sich in jüngerer Zeit im Sonnensystem Objekte zu erkennen gaben, die etwa so groß sind wie Pluto, eins von ihnen sogar noch größer. Dadurch stellte sich die Frage, ob man die Liste der Planeten wieder einmal – und diesmal erheblich – erweitern müsste oder ob es nicht besser sei, den Pluto zu streichen, was direkt niemand zu tun wagte. Die Folge der überflüssigen Definition ist ein Desaster.
Allein schon die Idee ist, recht betrachtet, absurd gewesen. Es käme ja auch niemandem in den Sinn, das Wort „Kontinent" zu definieren. Mit Sicherheit bedürfte es vieler Verrenkungen, die Definition so zu formulieren, dass Europa ein Kontinent bliebe. Genauso, wie man von Kontinenten eine intuitive Vorstellung hat, ist es mit den Planeten, die schon seit der Antike zum Kulturgut vieler Völker gehören. Gelegentlich hat sich diese Vorstellung zwar gewandelt – zum Beispiel, als Kopernikus die Erde aus dem Zentrum der bekannten Welt verdrängte und sie durch die Sonne ersetzte –, aber den Begriff zu definieren kam trotzdem niemandem in den Sinn.
In der Neuzeit ist die Liste der „klassischen" Planeten wegen der besseren Beobachtungsmöglichkeiten mit dem Fernrohr mehrfach verlängert worden, unter anderem um die in der Neujahrsnacht 1801 zwischen den Bahnen von Mars und Jupiter entdeckte Ceres. Als man erkannte, dass sich in der dortigen Region – dem „Asteroidengürtel" – viele andere Objekte bewegen, die entweder Fragmente eines einst zerborstenen oder Material eines noch nicht entstandenen Planeten sind, wurde Ceres wieder von der Liste gestrichen. Der anfangs in seiner Größe überschätzte Pluto ist ein Ausreißer aus dem anderen großen „Schrottgürtel" im Sonnensystem, dem Kuipergürtel jenseits der Bahn des Neptuns. Hätte man ihn mit demselben Argument wie Ceres als Planeten gestrichen, wären alle weiteren Diskussionen entfallen.

Zu einer „sauberen“ Lösung konnten sich die Astronomen nicht aufraffen, weil Pluto dafür zu viele Freunde hat. Das liegt unter anderem daran, dass der dämliche Hundefreund von Mickey Mouse nach dem Planeten benannt worden war. Deshalb sind die Astronomen auf die unselige Idee verfallen, den Begriff „Planet“ zu definieren. Zu Beginn der Prager Generalversammlung legte ein Komitee einen für alle Planeten des Kosmos geltenden Entwurf vor, dem zufolge die Liste der Planeten – einschließlich Plutos – um etliche plutogroße Objekte erweitert worden wäre. Als zehn Tage später – die meisten Astronomen waren bereits abgereist – nach heftigen Diskussionen über die jetzt nur noch für das Sonnensystem geltende Definition abgestimmt wurde, hatte sich das Konzept in sein Gegenteil verkehrt. Pluto soll nun aus angeblich objektiven Gründen kein Planet mehr sein, sondern zusammen mit ähnlich großen Objekten eine neue Familie der Zwergplaneten bilden.

Die Planetendefinition, die ein Jahrhundertwerk hatte werden sollen, ist übereilt und ohne ausreichend Zeit für Diskussionen beschlossen worden. Kein Wunder, dass sie von handwerklichem und pädagogischem Unverstand zeugt. Deshalb wollen sie viele Forscher gar nicht beachten. In Amerika zum Beispiel haben sich dreihundert Fachastronomen in einer Petition gegen die Beschlüsse gewandt. Und auch für die Wissenschaftler, die an der Anfang des Jahres gestarteten und jetzt zum Pluto fliegenden Raumsonde „New Horizons“ beteiligt sind, ist Pluto weiterhin ein vollwertiger Planet.

Wie schwammig und interpretationsbedürftig die Definition ist, zeigt sich unter anderem am Planeten Neptun. Pluto konnte nämlich aus der Planetenliste nur deshalb gestrichen werden, weil man den Passus einführte, die Bahn eines Planeten müsse von anderem Material leergefegt sein. Das könne aber für Pluto nicht gelten, weil er die Bahn des Neptuns kreuze. Mit welcher Berechtigung ist dann Neptun, der die Bahn des Plutos kreuzt, weiter ein Planet?

Im Sonnensystem gibt es – übergangslos – große, kleine und kleinste Objekte bis hin zum Staubkorn. Die Sonderstellung der Planeten war bislang einzig eine Reverenz an die Antike, daneben kannte man nur die Kleinplaneten und, parallel dazu, die Kometen. Von nun an soll es gar drei Größenklassen geben: Planeten, Zwergplaneten und „Kleine Objekte im Sonnensystem“, zu denen neben Kleinplaneten auch die Kometen gerechnet werden sollen. Diese Unterteilung in noch mehr Größenklassen ist unzeitgemäß und berücksichtigt nicht die natürlichen Gegebenheiten. Davon abgesehen – auf die jetzt abgeschafften Kleinplaneten wollen die meisten Astronomen nicht verzichten. Der „Zwergplanet“ Pluto hat vor wenigen Tagen sogar eine „Inventarnummer“ (134 340) in der Liste der Kleinplaneten erhalten, die es offiziell gar nicht mehr gibt.

Weitere Schwierigkeiten wird die Zusammenfassung von Kleinplaneten und Kometen in der Gruppe der kleinen Objekte bereiten. Bislang sind nämlich Kleinplaneten nach anderen Regeln benannt worden als die Kometen. Für Kleinplaneten konnten die Entdecker Namen vorschlagen, die Kometen dagegen wurden nach den Entdeckern benannt. Wie will man sich da künftig einigen? Die neue Planetendefinition ist offenbar genauso unüberlegt eingeführt worden wie die hiesige Rechtschreibreform und scheint zu einem ähnlichen Chaos zu führen.

(Aus: Frankfurter Allgemeine Zeitung vom 15. September 2006)

3 a) Günter Paul hat in seinem Artikel eine ganz klare Stellung zum Thema bezogen. Formuliere sie kurz:

b) Auch die Menschen auf diesem Bild haben eine Meinung zu dem Thema. Formuliere diese Meinung:

c) Deine eigene Meinung zum Thema Pluto:

4 Jetzt funktioniert der Merksatz „**M**ein **V**ater **e**rklärt **m**ir **j**eden **S**amstag **u**nsere **n**eun **Pl**aneten" für die Reihenfolge der Planeten nicht mehr (siehe Seite 11). Formuliere einen neuen Merksatz mit den acht Anfangsbuchstaben M V E M J S U N.

Alles Theater! – Rund ums Schreiben

Den Inhalt eines Dramentextes wiedergeben

In der Schule herrscht große Aufregung, denn die alljährlichen Projekttage kündigen sich an. Alles steht dieses Jahr unter dem Motto „Die Welt der Tiere“.
Frederik und seine Freundin Johanna besuchen die 8a und ein Theaterprojekt fasziniert die beiden besonders. Sie zögern nicht lange und melden sich an. Bei der Vorbesprechung stellt sich heraus, dass ein Stück von Karl Valentin innerhalb einer Woche auf die Bühne gebracht werden soll. Auf die Projektgruppe wartet viel Arbeit, denn die Schülerinnen und Schüler sollen nicht nur schauspielerisch aktiv werden, sondern auch Regie führen, das Programmheft gestalten sowie Bühnenbild und Maske in die Hand nehmen. Frederik und Johanna wollen das Programmheft entwerfen. Sie lesen zunächst sorgfältig das Theaterskript und halten dann ihre Ideen in einem Cluster fest.

1 a) Lies die Dramenszene auf den folgenden Seiten.
b) Ergänze das Ideen-Cluster zum Programmheft.

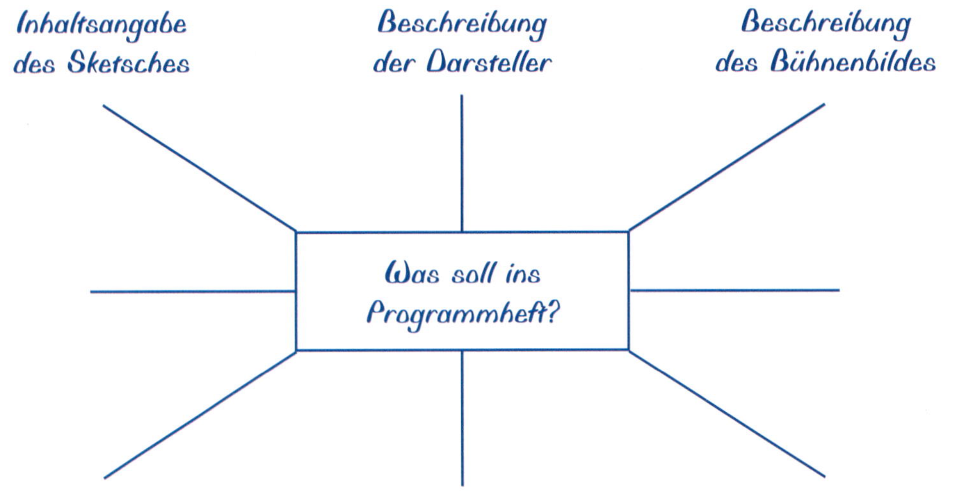

Platz für deine Notizen:

Karl Valentin: In der Berufsberatungsstelle

Beamter: Was sind Sie von Beruf?
Valentin: Maschinist.
Beamter: In was für einem Betrieb sind Sie Maschinist?
Valentin: In einer Bäckerei.
Beamter: Bäckerei? – Was haben Sie denn da für eine Maschine bedient?
Valentin: Die Semmelbröselreibmaschine.
Beamter: Semmelbröselreibmaschine? Ist das so eine komplizierte Maschine, dass man da einen eigenen Maschinisten braucht?
Valentin: Gewiss, der Bäckerlehrling schüttet einen Korb voll altbackenen Semmeln[1] oben in den Semmelsammelbehälter und ich habe unten die Handkurbel gedreht und die Semmelbrösel liefen dann auf der Seite in einen leeren Sack hinein.

---
1 trockene Brötchen

Platz für deine Notizen:

Beamter: Hat Sie denn dieser Beruf befriedigt?

Valentin: Nein! Er war mir zu stumpfsinnig.

Beamter: Das kann ich mir vorstellen, und Sie wollen sich nun umstellen und einen anderen Beruf ergreifen.

Valentin: Jawohl, ich möchte Dompteur werden in einer Menagerie[1], also Menagerist, ich möchte mir selbst eine Menagerie gründen.

Beamter: Na hören Sie, das ist aber eine gewaltige Umstellung, vom Maschinist – zum Menagerist – wie stellen Sie sich das vor?

Valentin: Ich habe mir die letzten Jahre etwas viel Geld erspart und will mir einen Elefanten kaufen, den ich zu dressieren beabsichtige.

Beamter: Einen Elefanten? Sie wollen also gleich groß anfangen. Ihnen ist, scheint es, das Sprichwort „Mit Kleinem fängt man an, mit Großem hört man auf“ unbekannt.

Valentin: Ja, ja, ich will mir ja zwei Elefanten kaufen und züchten, damit ich kleine Elefanten bekomme.

Beamter: Warum wollen Sie denn ausgerechnet mit Elefanten beginnen? – Löwen und Tiger lassen sich doch auch dressieren.

Valentin: Die sind mir zu bös, die beißen, aber Elefanten beißen nicht, trotz ihrer großen Zähne.

Beamter: Für was hat der Elefant dann Zähne, wenn er damit nicht beißt?

Valentin: Das ist ein Verhängnis der Natur, genau wie bei uns Menschen, wir haben auch Zähne zum Beißen, aber zurzeit haben wir eben nicht viel zu beißen.

Beamter: Bis heute ist es der Wissenschaft noch nicht gelungen, den Zweck der Elefantenzähne zu erforschen.

Valentin: Für die Elefanten haben die Zähne gar keinen Wert, weil sich die Zähne außerhalb des Maules befinden, das kommt beim Menschen auch oft vor, aber nur dann, wenn einer sein Gebiss zur Reparatur beim Zahntechniker hat.

Beamter: Doch, – einen Zweck, – fast zwei Zwecke haben die Elefantenzähne, erstens zur Verteidigung und zweitens werden aus dem Elfenbein Billardkugeln gefertigt.

Valentin: Stimmt – aber dass Gott den Elefanten diese großen Zähne nur deshalb wachsen ließ, dass wir Billardkugeln bekommen, ist nicht anzunehmen.

Beamter: Sie zeigen eigentlich in der Zoologie große Kenntnisse und ich verstehe nun Ihren Drang, Menageriebesitzer zu werden.

Valentin: Ja! – In der Zoologie bin ich auf der Höhe.

Beamter: Davon bin ich überzeugt. – Vom Rüssel des Elefanten möchte ich von Ihnen auch noch eine Erklärung haben, und zwar wozu der Elefant so einen langen Rüssel hat.

Valentin: Sehr einfach, weil er keinen Hals hat, der Kopf des Elefanten befindet sich direkt am Rumpf, er könnte also niemals Nahrung zu sich nehmen, die vor ihm auf dem Boden liegt.

Beamter: Sehr interessant, nach meiner Ansicht müsste ein Elefant eigentlich einen zwei Meter langen Hals haben und vorne am Hals müsste der Kopf sein.

Valentin: Ja, ja, das ist ganz logisch gedacht, aber Sie müssen bedenken, dass der Kopf des Elefanten einige Zentner schwer ist.

Beamter: Dann müsste natürlich der Kopf ganz klein sein.

---

1 Tierschau

Platz für deine Notizen:

Valentin: Richtig! Aber wie komisch würde ein so großer Elefant mit einem kleinen Kopf aussehen, dann wäre ein Elefant kein Elefant mehr, sondern ein[1] Giraffe.

Beamter: Ja – ja – der Giraffe, das ist doch das, was ich meine – langer Hals und kleiner Kopf.

Valentin: Stimmt – der Giraffe hat einen rüsselähnlichen Hals und der Elefant einen halsähnlichen Rüssel.

Beamter: Und wie ist die Funktion zwischen Rüssel und Hals?

Valentin: Der Elefant hängt zum Beispiel, wenn er Durst hat, seinen Rüssel ins Wasser und saugt wie eine Pumpe das Wasser in seinen Körper hinein – der Giraffe, wenn er Durst hat, säuft genau wie ein anderes Tier, nur muss er jedes Mal, wenn er das Maul voll hat, den Kopf mit dem langen Hals in die Höhe heben, damit das Wasser in den Körper hinunterrinnt.

Beamter: Das ist aber umständlich.

Valentin: Eigentlich schon, die Fische haben das viel einfacher, wenn die Durst haben, brauchen sie nur das Maul aufreißen.

Beamter: Sehr interessant, aber wir sind nun von unserem Thema Berufsberatung abgekommen und nachdem ich ersehen habe, dass Sie zu einem Menageriebesitzer wirklich Vorkenntnisse haben, wäre es von mir als Berufsberaterbeamter nicht am Platze, Sie von Ihrem neuen Berufsvorhaben abzubringen, nur dass Sie gleich mit einem Elefanten anfangen, das – ich erinnere mich, dass ich einmal auf einem Volksfest einen Flohzirkus gesehen habe –

Valentin: Ich verstehe, was Sie meinen, aber für so kleine Tiere habe ich zu schlechte Augen, – Elefanten sehe ich auch ohne Brille, und in einem Flohzirkus bestehen andere Schwierigkeiten – kommt während einer Vorstellung ein Floh aus und hüpft in den Zuschauerraum, ist der dressierte Floh für mich verloren – kommt mir ein Elefant aus, bekomme ich denselben auf alle Fälle wieder zurück.

Beamter: Na ja, das verstehe ich, es müssen ja auch nicht gerade dressierte Flöhe sein, soviel mir bekannt ist, kann man jedes Lebewesen dressieren.

Valentin: Das ist Unsinn! Haben Sie schon einmal dressierte Austern gesehen? Fast alle wilden Tiere kann man dressieren, mit Ausnahme des schwarzen Panters.

Beamter: Um wieder auf die Elefanten zurückzukommen, wo wollen Sie denn diese großen Tiere unterbringen?

Valentin: Na ja, da wird sich schon irgendwo ein Plätzchen finden.

Beamter: Sie meinen in diesem Fall ein Riesenplätzchen.

Valentin: Ach Gott, ich stell die zwei Elefanten auf einen freien Platz und baue eine Holzhütte darüber, alles Weitere wird sich dann schon finden.

Beamter: Würden Sie dann dieses Menagerieunternehmen alleine führen?

Valentin: Nein, – ich würde mich um einen geschäftlichen Teilhaber umschauen, und wenn alles klappt, werde ich dann die ganze Welt bereisen.

Beamter: Oh Sie Glücklicher, – da beneide ich Sie.

Valentin: Wie meinen Sie das?

Beamter: Was habe ich dagegen für einen stumpfsinnigen Beruf – jahraus jahrein in diesem Bürokasten zu sitzen und Sie können dann die schöne große Welt genießen.

Valentin: – wissen Sie was? – hängen Sie Ihren Berufsberatungsberuf an den Nagel und wir zwei gründen zusammen eine Menagerie.

---

[1] Karl Valentin benutzt hier des Wortwitzes wegen fälschlicher Weise den männlichen Artikel, es heißt eigentlich „die Giraffe“.

Beamter: Einverstanden!! – Ich kündige am Ersten meine Stellung.
Valentin: Und ich bin stolz darauf, einen Berufsberatungsbeamten zu einem neuen Beruf beraten zu haben.

(Aus: Karl Valentin, Sämtliche Werke in acht Bänden, Band 4. Dialoge, Piper Verlag, München 1996, S. 215–218)

Frederik und Johanna sind sich einig: In ein informatives Programmheft muss zunächst eine Inhaltsangabe des Dramentextes. Hierfür wird der Text mit der Arbeitsgruppe „Regie" genauer untersucht.

2 Nimm im Text folgende Markierungen vor:
a) Unterstreiche im Text die Dialogstellen rot, die beim Publikum für Belustigung sorgen.
b) Unterstreiche im Text die Dialogstellen grün, bei denen deutlich wird, dass sich der Beamte für die Geschäftsidee interessiert.

3 Lies den Text laut und achte dabei auf eine entsprechende Vortragsweise der markierten Textabschnitte.

4 Um die Dramenszene später intensiv proben zu können, muss der Text unterteilt werden. Gliedere den Verlauf des Dialogs, indem du Sinnabschnitte kennzeichnest.

Wie man die Inhaltsangabe einer Geschichte verfasst, weißt du aus Klasse 7. Bei einem Drama oder einem Sketsch muss aber ein Text wiedergegeben werden, der ausschließlich aus Dialogen besteht. Folgende Tipps helfen dir dabei.

Die Inhaltsangabe von dramatischen Texten

Der eigentlichen Inhaltsangabe wird ein **Einleitungs- oder Übersichtssatz** vorangestellt, der Angaben über den Autor, den Titel, die Textsorte sowie die Hauptpersonen und das Thema enthält.
Im **Hauptteil** schildert man möglichst knapp den Hergang der Ereignisse. Da eine Inhaltsangabe keine wörtliche Rede enthalten darf, spielt der geschickte **Umgang mit den Dialogen** eine wichtige Rolle:

- Die Sprechhandlung eines Redeabschnitts kann zusammengefasst werden.
  Beispiel: Der Beamte *informiert sich* über den bisherigen Beruf …
  Der Beamte *vergewissert sich*, dass … Er *beharrt* darauf …
- Wichtige Stellen der wörtlichen Rede können durch indirekte Rede wiedergegeben werden.
  Beispiel: Valentin betont abschließend, er *sei* stolz darauf, …
- Aus den Gesprächen kann man die äußere und die innere Handlung erschließen. Um diese schlüssig wiederzugeben, sind Adverbialbestimmungen und Adverbialsätze (Angaben zu Zeit, Raum und Kausalbeziehungen) wichtig.
  Beispiel: *Zunächst* hört sich der Beamte Valentins Überlegungen nur an, dann …
  Nach und nach gelangt er jedoch zu der Überzeugung …

5 Hier stehen einige Übersichtssätze. Markiere denjenigen, der deiner Meinung nach den Sketsch am besten erfasst.

6 Überprüfe die Übersichtssätze mithilfe der Checkliste am Rand, indem du abhakst.

Checkliste

In dem Sketsch von Karl Valentin mit dem Titel „In der Berufsberatungsstelle" trägt ein Ratsuchender seine verrückte Geschäftsidee so vor, dass der Beamte schließlich sein Teilhaber wird.

- ☐ Präsens?
- ☐ vollständig?
- ☐ sachlich richtig?
- ☐ sprachlich gut?

In dem Stück möchte ein Arbeiter seinen Beruf wechseln, denn die Arbeit an der Semmelbröselmaschine macht ihm keinen Spaß mehr und er will lieber Elefanten tolle Sachen beibringen. Er sucht deshalb eine Berufsberatungsstelle auf und der zuständige Beamte ist so hin und weg von der Idee, dass er sogar mitmacht.

- ☐ Präsens?
- ☐ vollständig?
- ☐ sachlich richtig?
- ☐ sprachlich gut?

In dem Theaterstück von Karl Valentin „In der Berufsberatungsstelle" bat ein Maschinist, in der Uraufführung gespielt von Karl Valentin selbst, um Hilfe bei der Suche nach einer neuen, erfüllenderen Tätigkeit.

- ☐ Präsens?
- ☐ vollständig?
- ☐ sachlich richtig?
- ☐ sprachlich gut?

Das Bühnenstück „In der Berufsberatungsstelle" von Karl Valentin handelt von einem Mann, der mit seiner Arbeit unzufrieden ist und Dompteur für Löwen werden will. In der Berufsberatungsstelle trägt er seinen Wunsch so überzeugend vor, dass der zuständige Beamte sein Kompagnon werden will.

- ☐ Präsens?
- ☐ vollständig?
- ☐ sachlich richtig?
- ☐ sprachlich gut?

7 Im Folgenden findest du verschiedene Formulierungen, mit deren Hilfe sich Sprechhandlungen zusammenfassen lassen. Wähle sechs aus und schreibe sie neben passende Dialogpassagen im Theatertext.

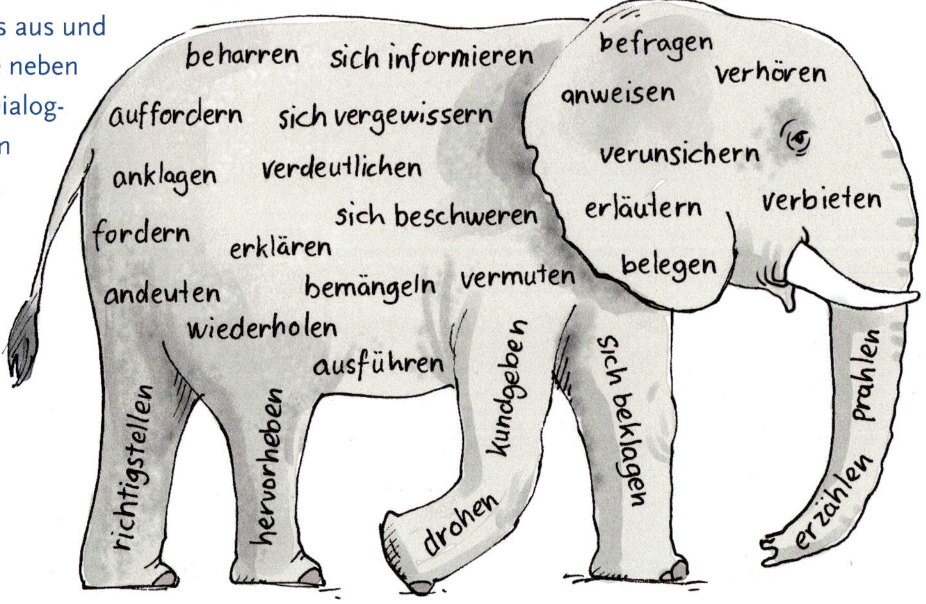

8 Verfasse nun mithilfe der Aufgaben die Inhaltsangabe des Dramentextes.

Mit Sachtexten arbeiten

Frederik weiß viel über Elefanten und er hat in dem Theatertext einige sachliche Fehler entdeckt. Obwohl man bei einem Sketsch diesbezüglich natürlich ein Auge zudrücken kann, schlägt er in einem Fachbuch nach.

1 Lies folgenden Sachtext sorgfältig.

Elefanten näher betrachtet

[...] Die Stoßzähne der Elefanten sind riesige umgewandelte Schneidezähne des Oberkiefers. Sie sind ein nützliches Werkzeug, aber offensichtlich nicht lebensnotwendig. Wie könnten sonst die Kühe, die oft Jungtiere zu verteidigen haben, so schlecht damit ausgestattet sein? Und auch die stoßzahnlosen Elefanten sind voll lebensfähig. Zweifellos praktisch sind die Stoßzähne als Brechstange oder Hebel. Sie werden oft benutzt, um Rinde von Bäumen abzuschälen oder weiches Holz zu zerlegen. Mit Rüssel und Stoßzähnen graben Elefanten in der Trockenzeit auf der Suche nach Wasser tiefe Löcher. Bei den Bullen können die Stoßzähne auch als eine Art „Statussymbol" angesehen werden. Zur Verteidigung gegen Feinde und bei Kämpfen untereinander werden sie jedoch selten benutzt. [...]

Der Rüssel ist keine extrem verlängerte Nase, wie man auf den ersten Blick glauben könnte, sondern er wurde im Laufe der Stammesgeschichte aus Oberlippe und Nase gebildet. Eine Scheidewand trennt im Rüssel die Nasenlöcher.

Hauptsächlich besteht er aus Muskeln. Der berühmte französische Zoologe Georges Cuvier (1769–1832) zählte darin rund 40 000 teils längs, teils quer verlaufende Muskelbündel. Sie verleihen dem Rüssel eine Beweglichkeit in alle Richtungen, können ihn strecken und zusammenziehen. Eine feste, aber tastempfindliche Haut umgibt die Muskeln. Welche Kraft ein solcher Muskelschlauch entfalten kann, stellen Riesenschlangen unter Beweis, die durch Umschlingen selbst die Knochen ihrer Beutetiere zerbrechen können. Elefanten benutzen den Rüssel natürlich zum Riechen und Atmen. Der Geruchssinn scheint besonders gut entwickelt zu sein. [...]

Weil der Hals so kurz ist, kann sich ein Elefant schlecht bücken, um mit dem Mund Nahrung oder Wasser aufzunehmen. Auch hier leistet der Rüssel gute Dienste.

Grasbüschel werden umfasst, ausgerupft und zum Mund geführt, wobei zuvor sorgfältig die Erde abgeklopft wird. Dank ihres Rüssels können Elefanten in einer sonst nur Giraffen zugänglichen Höhe Blätter, Zweige und Früchte äsen und Äste so kraftvoll schütteln, dass keine Frucht an ihnen hängen bleibt. Ferner ist der Rüssel eine Saugpumpe, mit der Wasser aufgesaugt und in den Mund oder zur Kühlung über den Körper gespritzt wird. Durch den Rüssel trinken kann ein Elefant nicht, genauso wenig wie wir mit unserer Nase. Er würde Wasser in die Luftröhre bekommen und sich fürchterlich verschlucken.

(Aus: Ulrich Sedlag, Was ist was? Band 86. Elefanten, Tessloff Verlag, Nürnberg 2004, S. 10–11, S. 12–14)

Als Johanna von Frederiks Nachforschungen erfährt, ermuntert sie ihn, seine Überlegungen und Recherchen für das Programmheft festzuhalten. Schließlich lautet das Thema der Projekttage „Die Welt der Tiere"! Frederik versucht sich zunächst einmal mithilfe einer Tabelle Übersicht über den Sachtext zu verschaffen.

2 Vervollständige mithilfe der Informationen im Sachtext die Tabelle im Hinblick auf Stoßzähne und Rüssel der Elefanten.

3 Markiere in der Tabelle die Informationen, die Valentin offensichtlich nicht bekannt sind.

Stoßzähne des Elefanten	Rüssel des Elefanten
Was? • *sind umgewandelte Schneidezähne des Oberkiefers*	**Was?** • *ist entstanden aus* ____ ____ ____
Dienen wozu? • ____ • ____ • ____ • ____ • ____ • ____	**Dient wozu?** • ____ • ____ • ____ • ____ • ____ • ____
Wozu dienen sie nicht? • ____ • ____	**Wozu dient er nicht?** • ____ • ____

4 Schreibe einen kurzen Sachtext für das Programmheft mit dem Titel „Hier irrt Valentin".

Hier irrt Valentin

In unserem Sketsch stellt sich Valentin als wahrer Elefantenexperte vor, jedoch ____

Eine Person beschreiben und charakterisieren

Im weiteren Verlauf der Projekttage beschäftigen sich die Schülerinnen und Schüler auch mit dem Autor der Dramenszene. Sie finden heraus, dass der Autor Karl Valentin oft selbst eine der Rollen in seinen Stücken übernahm und vor allem durch sein lustiges Erscheinungsbild die Zuschauer zum Lachen brachte.
Mehrere alte Fotos von Karl Valentin faszinieren die Gruppe besonders und sie beschließen, ihre Hauptfigur mithilfe von Kostüm und Maske anzugleichen.

1.

2.

3.

4.

Zunächst verfassen die Schüler eine kurze Liste, um herauszufinden, wer sich am besten für die Rolle eignet und was sie an Kostümen, Zubehör und Schminkutensilien benötigen.

1 Vervollständige die Liste, indem du die Fotografien genau betrachtest.

Figur: *dünn, drahtig* ______

Größe: ______

Kopfform: ______

Haare: ______

Augen: ______

Nase: ______

Mund: ______

Kleidung: ______

Weitere besondere Kennzeichen: ______

Johanna fertigt daraufhin für das Programmheft eine Personenbeschreibung von Karl Valentin an. Folgende Tipps helfen ihr dabei.

Die Personenbeschreibung

Bei einer Personenbeschreibung geht man zuerst von der **Gesamterscheinung** aus und beschreibt Körperbau, Größe, Figur und geschätztes Alter. Erst dann sollte man systematisch und in einer nachvollziehbaren Reihenfolge auf die **Einzelheiten** eingehen, die man möglichst genau mit treffenden Attributen und richtigen Fachausdrücken umschreibt. (Beispiel: *blank geputzte* Schuhe; *schlaksige* Arme)
Eine Personenbeschreibung steht wie die Inhaltsangabe im Präsens.

2 Schreibe selbst mithilfe der Stichwortliste und des Merkkastens eine Personenbeschreibung.

Charakterzüge einer Dramenfigur erfassen und beschreiben

Um die Charakterisierung einer Dramenfigur zu verfassen, muss man zunächst die Charaktereigenschaften der Figur herausarbeiten (= **Stoffsammlung**). Dabei unterscheidet man zwischen der direkten und der indirekten Charakterisierung der Figur im Dramentext. Die **direkte Charakterisierung** erfolgt z. B. durch Hinweise im Nebentext (= Regieanweisungen), durch Äußerungen anderer Figuren oder indem sich die betreffende Figur selbst charakterisiert.

Bei der **indirekten Charakterisierung** muss der Leser oder Zuschauer den Charakter erschließen. Das Verhalten der Figur in einer bestimmten Situation oder die Art und Weise, wie sie sich äußert, geben wichtige Hinweise auf den Charakter dieser Figur. (Zum Beispiel: *Valentin: Ja! – In der Zoologie bin ich auf der Höhe.* Daraus schließt der Zuschauer, dass Valentin recht selbstbewusst ist).

Beim Abfassen einer schriftlichen Charakterisierung geht man über das bloße Erscheinungsbild einer Person (= Personenbeschreibung) hinaus und bezieht Merkmale des Charakters und des Wesens ein, die man am Text belegt.

Leider gibt es im Valentin-Sketsch keine Regieanweisungen, die das Verhalten und die Charaktereigenschaften der Figur beschreiben. Also suchen die Schüler als Hilfestellung für die Schauspieler nähere Hinweise im Dramentext, indem sie auch „zwischen den Zeilen lesen“ und fügen selbst Regieanweisungen ein.

3 Lies den Dramentext nochmals und unterstreiche mit einer besonderen Farbe Textpassagen, die Aufschluss über den Charakter der Hauptperson geben.

4 Notiere eigene Regieanweisungen, die zu den Textpassagen in folgenden Abschnitten passen könnten.

Z. 14: Valentin *(resigniert, schüttelt den Kopf)*: Nein! Er war mir zu stumpfsinnig.

Z. 17: Valentin (________________________): Jawohl, ich möchte Dompteur werden in einer Menagerie ...

Z. 26: Valentin (________________________): Ja, ja, ich will mir ja zwei Elefanten kaufen und züchten, ...

Z. 30: Valentin (________________________): Die sind mir zu bös, die beißen, ...

Z. 48: Valentin (________________________): Ja! – In der Zoologie bin ich auf der Höhe.

Z. 89: Valentin (________________________): Das ist Unsinn! Haben Sie schon einmal dressierte Austern gesehen?

Z. 95 f.: Valentin (________________________): Ach Gott, ich stell die zwei Elefanten auf einen freien Platz und baue eine Holzhütte darüber, alles Weitere wird sich dann schon finden.

Z. 105 f.: Valentin (________________________): – wissen Sie was? – hängen Sie Ihren Berufsberatungsberuf an den Nagel und wir zwei gründen zusammen eine Menagerie.

Z. 108 f.: Valentin (________________________): Und ich bin stolz darauf, einen Berufsberatungsbeamten zu einem neuen Beruf beraten zu haben.

Mithilfe dieser Angaben fällt es Johanna nicht schwer, ihrer Personenbeschreibung noch einige Hinweise auf den Charakter der zu spielenden Figur hinzuzufügen.

5 Verfasse eine kurze Charakterisierung der Hauptfigur des Sketsches. Verwechsle dabei die Hauptfigur aber nicht mit dem Autor Karl Valentin und beachte den Merkkasten.

Ein Bild beschreiben

Inzwischen haben sich einige Schülerinnen und Schüler der Projektgruppe Gedanken über das Bühnenbild gemacht und eine Skizze angefertigt.

Auf einer Liste halten die Schüler nun fest, welche Gegenstände und Möbelstücke sie benötigen.

1 Vervollständige diese Liste mithilfe der Abbildung.

2 Kreuze wichtige Punkte an.

Für das Bühnenbild benötigen wir:	
• Schreibtisch	• ______
• ______	• ______
• ______	• ______
• ______	• ______
• ______	• ______
• ______	• ______
• ______	• ______

Die Bildbeschreibung

Bei der Beschreibung eines Bühnenbildes werden der Gesamteindruck und einzelne Elemente näher beschrieben.

Im **Hauptteil** geht man systematisch auf den Bildaufbau ein, gegliedert in Bühnenmitte und Bühnenhintergrund, und erwähnt wichtige Einzelheiten, deren Position man benennt. Bühnenelemente werden genau beschrieben, dabei ist es hilfreich, mit Attributen sowie Fachbegriffen zu arbeiten. Zum Beispiel: *zerrissene* Vorhänge (Adjektivattribut); ein Telefon *des frühen 20. Jahrhunderts* (Genitivattribut); ein Aktenschrank, *der eine Rolladentür besitzt* (Attributsatz); Bürodrehstuhl/Rollcontainer (Fachbegriffe).
Der **Schluss** enthält die Wirkung des (Bühnen-)Bildes auf den Betrachter.

Eine Bildbeschreibung steht wie die Personenbeschreibung im Präsens.

Frederik hat vor, eine Rezension für das Theaterstück zu verfassen. Dabei will er auf jeden Fall auch auf das Bühnenbild eingehen.

3 Vervollständige den Auftakt der Theaterrezension, indem du zunächst nur das Bühnenbild beschreibst.

Gut beraten!
Karl Valentins Sketsch „In der Berufsberatungsstelle" auf der Schulbühne

Der Vorhang hebt sich und dem Zuschauer eröffnet sich der Blick in ein Büro, das ...

Argumentieren

Stellung nehmen

Eine begründete Stellungnahme abgeben

Im Alltag ist es uns oft ein Anliegen oder wird von uns erwartet, dass wir zu einem Vorfall, einem Sachverhalt oder einem Problem unsere Meinung äußern, das heißt, *unsere* Sicht und *unsere* Einstellung zum Ausdruck bringen. Das geschieht dadurch, dass wir unsere Position deutlich machen, Argumente anführen und diese durch Beispiele veranschaulichen.

Sarah und Lukas, begeisterte Mitglieder der Theater-AG und auch im Deutschunterricht immer für die Vorführung kurzer Szenen zu haben, werden von ihrer Lehrerin gefragt, ob sie für das Jahrbuch der Schule einen Artikel über das Thema „Theater in der Schule" schreiben würden. Da die beiden Schultheater für eine wichtige Sache halten, sagen sie zu.

Lukas schlägt vor, zunächst eine kurze Umfrage an der Schule durchzuführen, um herauszubekommen, was einzelne Schüler über das Theaterspielen in der Schule denken.

Sarah sagt spontan:

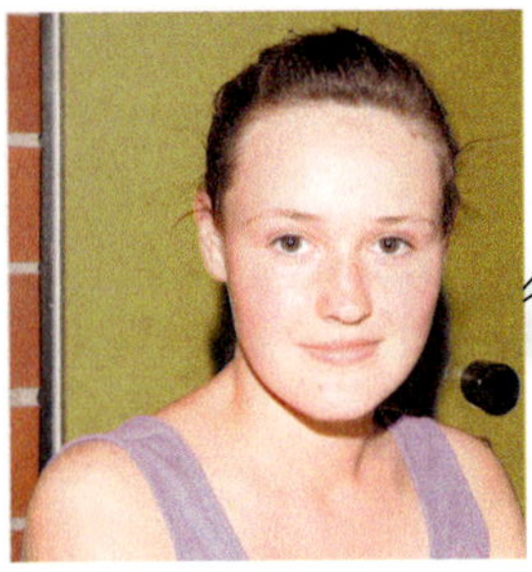

Ich liebe es, Theater zu spielen. Das ist meine Welt.

Sarah, 14 Jahre

Stellungnahmen anderer Schüler lauten so:

Theater ist doof und altmodisch. Es nervt mich schon, wenn ich mir ein Stück im Theater anschauen muss. Was soll ich da noch selbst Theater spielen? So was wie die Theater-AG halte ich für total überflüssig; ist halt was für Spinner! Und übertreiben müssen die auch immer so!

Julia, 15 Jahre

Theaterspielen in der Schule halte ich für ganz wichtig. Ich war selbst eine Zeit lang Mitglied in der Theater-AG und habe so gemerkt, dass das unheimlich viel für meine Persönlichkeit gebracht hat. Zum Beispiel habe ich jetzt kein Problem mehr damit, vor anderen Leuten zu sprechen. Außerdem begegnet man Literatur noch einmal auf eine ganz andere Art und Weise; Stücke sind nämlich dafür geschrieben, dass sie aufgeführt und nicht bloß gelesen werden. Wenn ihr ein Drama im Deutschunterricht langweilig findet, dann kann das daran liegen, dass ihr es noch nie auf der Bühne gesehen habt.

Rebecca, 17 Jahre

Ich bin der Meinung, dass diejenigen, die Theater spielen möchten, das gerne in der Theater-AG tun dürfen, alle anderen sollten aber nicht dazu gezwungen werden. Denn manche Menschen sind einfach nicht dafür geschaffen, sich vor anderen so auszuleben, und das sollte man respektieren. Wenn unsere Deutschlehrerin beispielsweise mal wieder etwas nachstellen und spielen lassen will, bekomme ich jedes Mal eine Krise. Ich habe mich ja bemüht, aber ich bin einfach unbegabt, so dass ich mich immer wieder vor den anderen lächerlich mache.

Sven, 16 Jahre

1 a) Entscheide spontan, welcher Stellungnahme du am ehesten zustimmst.
b) Beurteile, welche Stellungnahmen bei näherem Betrachten Überzeugungskraft besitzen und welche nicht. Führe Gründe an.

____

____

____

____

Die Argumentation

Die Argumentation (< lat. argumentum = Beweisgrund) ist eine Beweisführung innerhalb einer Stellungnahme, einer Diskussion oder einer schriftlichen Erörterung.
Drei Elemente müssen dabei zueinanderpassen:

- **Die These** (< gr. thesis = das Setzen, der aufgestellte Satz, die Behauptung) stellt eine neue Behauptung auf oder zieht eine Folgerung, die eine strittige Frage in einer bestimmten Weise beantworten will.
- **Das Argument** (die Begründung, vgl. argumentieren < lat. arguere = erhellen, beweisen) soll die These stützen und kann schwerwiegend, stichhaltig, überzeugend, aber auch unglaubwürdig, schwach, belanglos oder gar lächerlich sein. Als Argumente können Fakten herangezogen werden, man kann sich aber auch auf allgemein anerkannte Grundsätze oder eine Expertenaussage berufen.
- **Das Beispiel** veranschaulicht das Argument. Meistens handelt es sich dabei um eigene Erfahrungen oder anerkannte Tatsachen.

Wichtig ist auch der logische Zusammenhang innerhalb der Argumentation. Hilfreich sind dabei Überleitungen, die Satzverknüpfungen durch passende Konjunktionen herstellen (z. B. *damit, weil, denn, obwohl, wenn, falls, dass, aber* etc.).

2 a) Schreibe aus einer der gelungenen Stellungnahmen These, Argument(e) und Beispiel(e) heraus.

These: ____________________

____

Argument(e): ____________________

____

____

Beispiel(e): ____________________

____

____

b) Markiere in der von dir gewählten Stellungnahme (vgl. S. 32) Signalwörter, die den Zusammenhang der Argumentation deutlich machen.

3 Verfasse eine erste eigene Stellungnahme zum Thema „Theater in der Schule“. Führe zwei Argumente und dazu passende Beispiele an und verknüpfe diese logisch miteinander.

Argumente finden

Stoff für eine Argumentation sammeln

Um Argumente zu finden, bietet es sich an, einen **Stichwortzettel** oder eine **Mind-Map** zum Thema anzulegen. Hilfreich kann es auch sein, mit anderen ein **Brainstorming** zu starten oder zum Thema in Büchern, Zeitschriften und im Internet eine **Recherche** durchzuführen.

Sarah und Lukas haben mit einer Mind-Map zum Thema „Theater in der Schule“ begonnen:

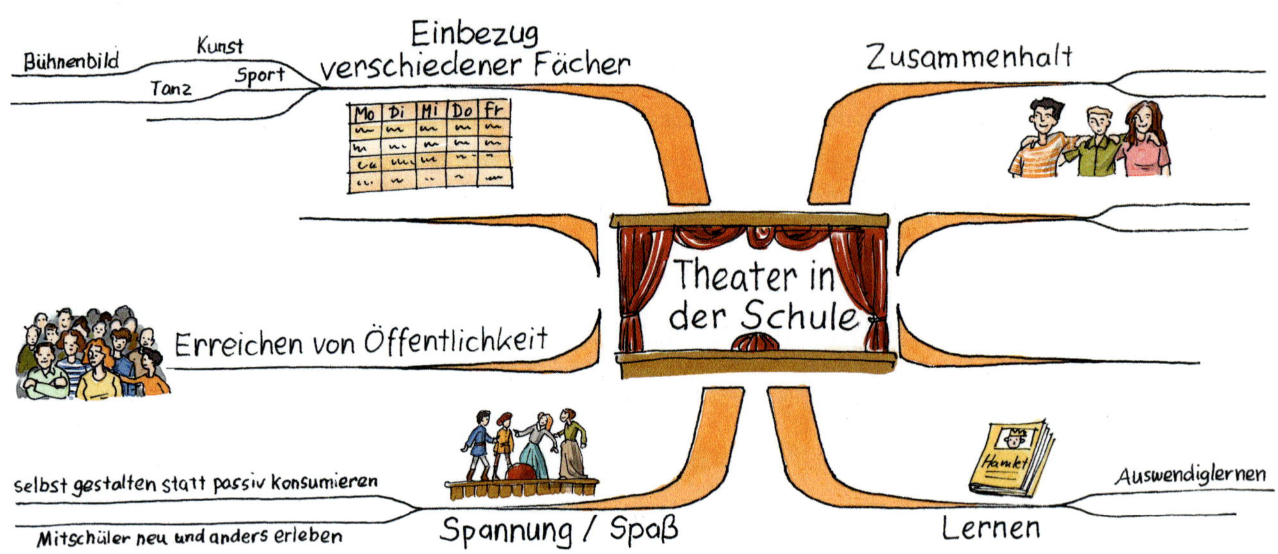

4 Bearbeite die Mind-Map mit den Argumenten, die für Theater in der Schule sprechen, indem du eigene Argumente ergänzt und Punkte, die deiner Meinung nach unwichtig sind, einklammerst.

Eine Argumentation aufbauen

Der Aufbau einer Argumentation

- Die Argumente werden in der Reihenfolge so angeordnet, dass am Schluss das stärkste Argument steht. Deshalb spricht man auch von einem **steigernden Aufbau.**
- Jedes Argument muss **belegt**, d. h. durch ein Beispiel o. Ä. untermauert werden.
- Damit eine Argumentation überzeugen kann, müssen die gefundenen Argumente aber nicht nur richtig gegliedert und ausgebaut, sondern auch gut miteinander **verknüpft** werden, z. B. durch Formulierungen wie *darüber hinaus ist zu bedenken* oder *ein weiterer Gesichtspunkt ist …*

Einige Mitglieder der Theater-AG bekommen mit, dass es fraglich ist, ob die Theater-AG auch im nächsten Schuljahr angeboten werden kann.
Sarah und Lukas ist sofort klar, dass es für ihren Jahrbuch-Bericht deshalb wichtig ist, gute Argumente zu finden.

Arbeitsgemeinschaften:
- *Fußball ✔*
- *Basketball ✔*
- *Chor ✔*
- *Theater?*

5 a) Wähle aus der Stoffsammlung fünf Argumente aus.
b) Ordne sie der Wichtigkeit nach (das wichtigste Argument am Schluss).
c) Finde zu jedem Argument ein passendes Beispiel.

These: Theater in der Schule ist wichtig!		
Argument		*Beispiel*
1.		
2.		
3.		
4.		
5.		

6 a) Wähle aus den Formulierungen fünf aus, die in der Argumentation nacheinander vorkommen könnten.

- ______________________________
  ____
- ______________________________
  ____
- ______________________________
  ____

noch mehr fällt ins Gewicht – zunächst – schließlich – ein weiterer Gesichtspunkt ist – anzuführen ist außerdem – besonders schwer wiegt – als Erstes – erkennbar ist auch – noch bedeutsamer ist die Tatsache – der wichtigste Punkt ist jedoch – daran anknüpfend – weiterführend – vor allem – der zweite Grund

- ____

  ____
- ____

  ____

b) Schreibe die ersten beiden Argumente aus der Tabelle in einen fortlaufenden Text um. Achte auf passende Ein- und Überleitungen.

Sich beim Argumentieren angemessen ausdrücken

Der Stil

Beim schriftlichen Argumentieren ist es wichtig, sich klarzumachen, an wen sich der Text richtet. **Schreibanlass** und **Adressatenkreis** bestimmen den Stil des Textes. Der Grundton sollte immer sachlich sein.

Lukas hat sich ein Argument zurechtgelegt und trägt es Sarah vor:

Am coolsten am Theaterspielen ist, dass es echt Action in dein Leben bringt. Man schaut nicht immer nur zu, sondern ist selbst beteiligt. Nur doofe Kommentare abgeben und sich ansonsten raushalten, das zählt da nicht, man muss sich schon selbst einbringen und dann die Sachen einfach anpacken, auf die Reihe kriegen. Und das nervt nicht, das macht Spaß, weil man sieht, wie seine eigenen Ideen tatsächlich funktionieren. Was du da machst, hat wirklich was mit dir zu tun. Seit ich zum Beispiel in die Theater-AG eingestiegen bin und dort auch schon mal die ein oder andere kleine Rolle übernehme, traue ich mich auch sonst viel mehr an Dinge heran und gehe selbst was an, was jetzt die Freizeit angeht. Und wie oft habe ich mich vorher nur von der Glotze berieseln lassen!

Sarah stimmt Lukas inhaltlich zu; für das Jahrbuch, das neben den Schülern auch die Eltern und Lehrer lesen, muss der Text aber natürlich noch angemessen formuliert werden.

7 Formuliere Lukas' Stellungnahme um, ohne den Inhalt zu verändern. Beginne so: „Was mich am meisten am Theaterspielen beeindruckt, ist die Erfahrung ...“

Eine einfache Erörterung schreiben

Eine einfache Erörterung schreiben

Die Erörterung ist die schriftliche Entsprechung zur Diskussion, wobei in der Auseinandersetzung mit einem Problem **These, Argument** und **Beispiel** sinnvoll aufeinander zu beziehen sind. Bei der einfachen Erörterung geht es darum, eine Position begründet zu vertreten. Im Unterschied dazu werden in einer Pro-Kontra-Erörterung zwei gegensätzliche Positionen einander gegenübergestellt.
Bei der einfachen Erörterung bietet sich folgende Vorgehensweise an:

1. Themenanalyse:
Überlege genau, was die Aufgabenstellung verlangt. Zum Beispiel gilt es, zwischen der Arbeit in der Theater-AG (= Schultheater) und dem Theaterspiel im Rahmen des Deutschunterrichts zu unterscheiden.

2. Stoffsammlung:
In dieser Phase sammelt man möglichst viele Argumente mit passenden Beispielen zum Thema.

3. Gliederung:
Ordne deine Argumente nach ihrer Wichtigkeit bzw. Überzeugungskraft. Schließe deine Erörterung mit dem stärksten Argument, da dieses dem Leser am nachhaltigsten in Erinnerung bleibt.

4. Ausarbeitung:
a) Die **Einleitung** einer Erörterung soll zum Thema hinführen und Interesse wecken. Sie kann z. B. ausgehen von einer persönlichen Erfahrung, von einer aktuellen Situation oder von einem zentralen Begriff.
b) Im **Hauptteil** werden die Argumente entfaltet und durch Beispiele erläutert. Bei der einfachen Erörterung spielt der steigernde Aufbau eine entscheidende Rolle: Die Argumente werden nach ihrer Bedeutung angeordnet – das überzeugendste Argument steht am Schluss.
c) Der **Schluss** dient dazu, die wichtigsten Argumente zusammenzufassen, eine persönliche Wertung abzugeben oder offene Fragen zu stellen.

5. Überarbeitung:
Es ist ganz wichtig, dass du deinen Aufsatz noch einmal überarbeitest. Das gilt für die Form (Darstellung, Rechtschreibung, Stil etc.) wie auch für den Inhalt.

Sarah und Lukas haben die meisten Vorarbeiten geleistet, um den Artikel für das Jahrbuch über Theater in der Schule zu schreiben.
Die Stoffsammlung und die Gliederung könnten auch Grundlage für eine Erörterung zum Thema „Warum ist Theater in der Schule wichtig?“ sein.
Es fehlen noch Überlegungen zur Einleitung und zum Schluss.

Sarah möchte ihren spontanen Ausspruch zu Beginn der Umfrage als Einstieg benutzen.

8 Gestalte daraus eine Einleitung zum Thema.

„Ich liebe es, Theater zu spielen. Das ist meine Welt." – ________________

Sarah fragt sich auch, was ein überzeugender Schluss sein kann, und hat zwei Entwürfe angefertigt:

a) Wünschenswert für die Zukunft wäre es, wenn Theaterprojekte an Schulen mehr Unterstützung fänden …

b) Zusammenfassend lässt sich sagen, dass Theater in der Schule eine gute Sache ist, weil …

9 a) Beschreibe, nach welchem Muster die zwei Schlussbeispiele angelegt sind.

b) Begründe, welches Beispiel dir überzeugender erscheint.

10 Wähle ein Beispiel aus und setze es fort oder schreibe einen eigenen Schluss.

11 Verfasse nun auf der Grundlage des Erarbeiteten einen einfachen Erörterungsaufsatz zum Thema: „Warum ist Theater in der Schule wichtig?"

12 Betrachte deinen Aufsatz noch einmal, indem du überprüfst, ob
a) gedankliche Verknüpfungen (Satzverbindungen und Überleitungen) vorhanden sind,
b) der Aufsatz in allen Teilen themenbezogen ist und
c) Rechtschreibung und Zeichensetzung korrekt sind.

13 Überarbeite deinen Aufsatz.

Gestaltend interpretieren

Leerstellen eines Textes füllen

Jeder literarische Text enthält Leerstellen, die man durch eigene Überlegungen bzw. Texte füllen kann. Zum Beispiel kann man eine **Vorgeschichte** oder eine **Fortsetzung** entwerfen, um den Originaltext zu erweitern, oder man entwirft einen **inneren Monolog**, einen **Brief** oder einen **Tagebucheintrag** einer Figur, um deutlich zu machen, was diese Figur in einer bestimmten Situation denkt und fühlt.
Der Verfasser solcher Zusatztexte legt damit offen, wie er den Originaltext, insbesondere die Probleme, Handlungsweisen und Motive der Figuren verstanden hat. Daher nennt man diese Form des Schreibens zu literarischen Texten **gestaltendes Interpretieren**.
Es ist hilfreich, sich vor der Ausgestaltung von Textstellen analytisch mit dem Text auseinanderzusetzen, um sich klarzumachen, worauf es bei der gestaltenden Interpretation ankommt. Bei der **Bewertung** der Schreibprodukte spielt eine Rolle, ob sie zum Originaltext passen: Sprechen bzw. denken die Figuren so, wie es der Originaltext nahelegt?

Ilse Aichinger (*1921): Das Fenster-Theater

Leerstellen:

Gedanken der Frau ausführen (innerer Monolog)

Die Frau lehnte am Fenster und sah hinüber. Der Wind trieb in leichten Stößen vom Fluss herauf und brachte nichts Neues. Die Frau hatte den starren Blick neugieriger Leute, die unersättlich sind. Es hatte ihr noch niemand den Gefallen getan, vor ihrem Haus niedergefahren zu werden. Außerdem wohnte sie im vorletzten Stock, die Straße lag zu tief unten. Der Lärm rauschte nur mehr leicht herauf. Alles lag zu tief unten. Als sie sich eben vom Fenster abwenden wollte, bemerkte sie, dass der Alte gegenüber Licht angedreht hatte. Da es noch ganz hell war, blieb dieses Licht für sich und machte den merkwürdigen Eindruck, den aufflammende Straßenlaternen unter der Sonne machen. Als hätte einer an seinen Fenstern die Kerzen angesteckt, noch ehe die Prozession die Kirche verlassen hat. Die Frau blieb am Fenster.

Der Alte öffnete und nickte herüber. Meint er mich?, dachte die Frau. Die Wohnung über ihr stand leer und unterhalb lag eine Werkstatt, die um diese Zeit schon geschlossen war. Sie bewegte leicht den Kopf. Der Alte nickte wieder. Er griff sich an die Stirne, entdeckte, dass er keinen Hut aufhatte und verschwand im Innern des Zimmers.

Gleich darauf kam er in Hut und Mantel wieder. Er zog den Hut und lächelte. Dann nahm er ein weißes Tuch aus der Tasche und begann zu winken. Erst leicht und dann immer

eifriger. Er hing über die Brüstung, dass man Angst bekam, er würde vornüberfallen. Die Frau trat einen Schritt zurück, aber das schien ihn nur zu bestärken. Er ließ das Tuch fallen, löste seinen Schal vom Hals – einen großen bunten Schal – und ließ ihn aus dem Fenster wehen. Dazu lächelte er. Und als sie noch einen weiteren Schritt zurücktrat, warf er den Hut mit einer heftigen Bewegung ab und wand den Schal wie einen Turban um seinen Kopf. Dann kreuzte er die Arme über der Brust und verneigte sich. Sooft er aufsah, kniff er das linke Auge zu, als herrsche zwischen ihnen ein geheimes Einverständnis. Das bereitete ihr so lange Vergnügen, bis sie plötzlich nur mehr seine Beine in dünnen, geflickten Samthosen in die Luft ragen sah. Er stand auf dem Kopf. Als sein Gesicht gerötet, erhitzt und freundlich wieder auftauchte, hatte sie schon die Polizei verständigt.

Und während er, in ein Leintuch gehüllt, abwechselnd an beiden Fenstern erschien, unterschied sie schon drei Gassen weiter über dem Geklingel der Straßenbahnen und dem gedämpften Lärm der Stadt das Hupen des Überfallautos. Denn ihre Erklärung hatte nicht sehr klar und ihre Stimme erregt geklungen. Der alte Mann lachte jetzt, so dass sich sein Gesicht in tiefe Falten legte, streifte dann mit einer vagen Gebärde darüber, wurde ernst, schien das Lachen eine Sekunde lang in der hohlen Hand zu halten und warf es dann hinüber. Erst als der Wagen schon um die Ecke bog, gelang es der Frau, sich von seinem Anblick loszureißen.

Sie kam atemlos unten an. Eine Menschenmenge hatte sich um den Polizeiwagen gesammelt. Die Polizisten waren abgesprungen, und die Menge kam hinter ihnen und der Frau her. Sobald man die Leute zu verscheuchen suchte, erklärten sie einstimmig, in diesem Haus zu wohnen. Einige davon kamen bis zum letzten Stock mit. Von den Stufen beobachteten sie, wie die Männer, nachdem ihr Klopfen vergeblich blieb und die Glocke allem Anschein nach nicht funktionierte, die Tür aufbrachen. Sie arbeiteten schnell und mit einer Sicherheit, von der jeder Einbrecher lernen konnte. Auch in dem Vorraum, dessen Fenster auf den Hof sahen, zögerten sie nicht eine Sekunde. Zwei von ihnen zogen die Stiefel aus und schlichen um die Ecke. Es war inzwischen finster geworden. Sie stießen an einen Kleiderständer, gewahrten den Lichtschein am Ende des schmalen Ganges und gingen ihm nach. Die Frau schlich hinter ihnen her.

Als die Tür aufflog, stand der alte Mann mit dem Rücken zu ihnen gewandt noch immer am Fenster. Er hielt ein großes weißes Kissen auf dem Kopf, das er immer wieder abnahm, als bedeutete er jemandem, dass er schlafen wolle. Den Teppich, den er vom Boden genommen hatte, trug er um die Schultern. Da er schwerhörig war, wandte er sich auch nicht um, als die Männer schon knapp hinter ihm standen und die Frau über ihn hinweg in ihr eigenes finsteres Fenster sah.

Die Werkstatt unterhalb war, wie sie angenommen hatte, geschlossen. Aber in die Wohnung oberhalb musste eine neue Partei eingezogen sein. An eines der erleuchteten Fenster war ein Gitterbett geschoben, in dem aufrecht ein kleiner Knabe stand. Auch er trug sein Kissen auf dem Kopf und die Bettdecke um die Schultern. Er sprang und winkte herüber und krähte vor Jubel. Er lachte, strich mit der Hand über das Gesicht, wurde ernst und schien das Lachen eine Sekunde lang in der hohlen Hand zu halten. Dann warf er es mit aller Kraft den Wachleuten ins Gesicht.

(Aus: Ilse Aichinger, Der Gefesselte. Erzählungen (1948–1952), Fischer Taschenbuch Verlag, 6. Aufl., Frankfurt am Main 2005, S. 83–85)

1 Ergänze die – etwas vereinfachte – Skizze zur Kurzgeschichte „Das Fenster-Theater“:
a) Zeichne in die beiden Häuser die Wohnungen der Personen ein.
b) Verdeutliche durch Pfeile, wer wen sieht.
c) Markiere durch eine farbige Verbindung, wer mit wem kommuniziert, d. h. Kontakt aufnimmt.

2 a) Charakterisiere stichwortartig die Frau und den Mann.

Die Frau	Der Mann
neugierig	*mag Kinder*

b) Erkläre, warum die Frau unangemessen reagiert. Nenne einen möglichen Grund für ihr Verhalten.

3 Erkläre den Titel „Das Fenster-Theater“. Verwende dabei die Begriffe *Zuschauer*, *Schauspieler* und *Bühne*.

4 a) Suche Leerstellen im Text und notiere sie rechts neben dem Text wie im Beispiel auf S. 39.

b) Gestalte eine der Leerstellen aus.

Im Folgenden findest du ein Beispiel für eine Fortsetzung des Originaltextes. Anne hat ein Gespräch zwischen der Frau und dem alten Mann einige Tage nach dem Ereignis entworfen:

Nach ein paar Tagen wollte die Frau einkaufen gehen, da traf sie den alten Mann von nebenan auf der Straße.

„Ach hallo!“, begrüßte der Mann sie freundlich. „Guten Tag!“, antwortete die Frau, ohne ihm in die Augen zu sehen. Schließlich tat sie es aber doch und fragte ihn: „Was war da eigentlich letztens mit der Polizei noch?“ „Mit der Polizei?“, der Mann schaute leicht amüsiert, „ja nichts, ich habe ja nichts Verbotenes getan … Eigentlich war das ja ein Falschalarm.“ Die Frau wurde rot: „Es tut mir leid wegen des Anrufs bei der Polizei, aber ich habe mir Sorgen um Sie gemacht … Es sah ja schon komisch aus, was Sie da in Ihrem Zimmer gemacht haben!“ Der Mann lachte: „Ja, kann schon sein, aber ich meinte ja nicht Sie!“ „Es tut mir leid!“ „Vergessen wir das Ganze!“ „Wie, einfach so?“, fragte die Frau verwirrt nach. „Ja! Ich hätte aber eine Bedingung …“ „Und die wäre?!“ „Sie kommen mindestens einmal in der Woche bei mir vorbei und sitzen nicht immer so alleine daheim rum!“ „Gerne!“, meinte die Frau, und zum ersten Mal sah der Mann ein Lächeln auf ihrem Gesicht.

5 a) Sammle und notiere, was an dieser gestaltenden Interpretation gut gelungen ist.

b) Nehmen wir an, dass der Mann nicht so versöhnlich ist: Wie würde das Gespräch in diesem Fall verlaufen? Schreibe das Gespräch zwischen der Frau und dem Mann entsprechend um.

Die Welt der Mayas – Indirekte Rede und Adverbialsätze für Fortgeschrittene

Das Verb im Blick

Auf den folgenden Seiten findest du zu den Mayas[1], den Ureinwohnern Guatemalas, viele Informationen, die du beispielsweise für die Vorbereitung einer Reise brauchen kannst. Neben den Sachinformationen erhältst du aber auch Tipps zur Verbesserung deines persönlichen Schreibstils.

Tempora wiederholen

1 Schreibe aus dem folgenden Lexikonartikel die Informationen über die Mayas heraus, die dich am meisten beeindrucken.

2 Bestimme die Tempora der Verbformen, indem du sie mit verschiedenen Farben unterstreichst.

3 Erkläre, warum fast alle Tempora in diesem Lexikonartikel verwendet werden.

Allgemeine Informationen über die Mayas – ein Lexikonartikel

Die Mayas sind ein mittelamerikanisches Volk, das besonders aufgrund seiner hoch entwickelten Kultur bekannt ist.
Hinter dieser Kultur standen verschiedene Völker mit einander mehr oder weniger eng verwandten Maya-Sprachen. Traditionell unterschied man zwischen Hochland- (in Chiapas und Guatemala) und Tieflandmayas (in Yucatán, im Petén und Belize). Im Lauf der Geschichte verschoben sich die hochkulturellen Zentren vom Hochland ins Tiefland und dann in den Norden von Yucatán.
Nachdem die Spanier Ende des 15. Jahrhunderts in Mittelamerika angekommen waren, lagen die Zentren der nachklassischen Maya-Kultur im äußersten Norden von Yucatán, während das zentrale Tiefland nur noch vereinzelt besiedelt war. Im südwestlichen Hochland existierte zu diesem Zeitpunkt mit der Kultur der Quiché eine recht eigenständige Maya-Kultur.

---

[1] Als Plural zu „Maya" sind die Formen „Maya" und „Mayas" gebräuchlich.

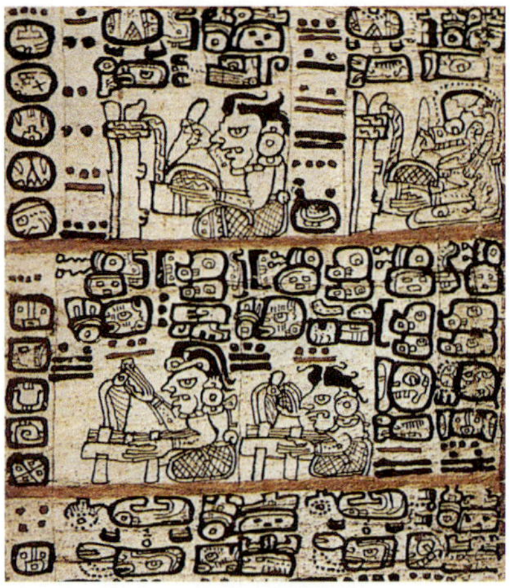

Ausschnitt aus dem Maya-Codex Madrid (14. Jh. n. Chr.)

Die Mayas sind heute noch berühmt für ihre Mathematik und für ihren hoch entwickelten, in Hieroglyphen geschriebenen Kalender. Der Anbau von Mais, die Entwicklung des sehr präzisen Maya-Kalenders und der Maya-Schrift sind weitere wichtige Errungenschaften. Diese Schrift, die bis heute weitgehend entziffert worden ist, stellt das höchstentwickelte Schriftmedium in Altamerika dar, obwohl sie auf Bildsymbolen basiert.

Auch Kunsthandwerk (Bearbeitung von Stein, Keramik, Holz, Textilien) und Malerei waren von den Mayas hoch entwickelt worden, die Metallverarbeitung spielte allerdings nur für rituelle Zwecke eine Rolle. In den Städten gab es bis zu 65 m hohe Stufenpyramiden, Paläste, Observatorien und Ballspielplätze.

Im Gegensatz zu vielen anderen Völkern der Ureinwohner Mittelamerikas existieren die Mayas noch heute und leben auf der Yucatán-Halbinsel sowie in Belize, Guatemala und Honduras. In der nächsten Zeit wird aber auch dort wohl der Fortschritt die Tradition immer mehr verdrängen.

(Nach Wikipedia: http://de.wikipedia.org/wiki/Maya; Zugriff 28.02.07)

Indirekte Rede in allen Zeiten

Indirekte Rede

Wie du bereits weißt, muss man fremde Äußerungen dadurch kenntlich machen, dass man indirekte Rede benutzt, wenn man sie wiedergibt, wobei das Prädikat normalerweise im Konjunktiv I steht.

Direkte Rede:

Indirekte Rede: Er behauptet, die Mayas *seien* heute noch bekannt.

Für alle Zeiten der Vergangenheit (Präteritum, Perfekt, Plusquamperfekt) gibt es in der indirekten Rede nur eine Konjunktivform:

Direkte Rede:

Zum Beispiel:

(Indikativ Präteritum)

oder

(Indikativ Perfekt)

oder

(Indikativ Plusquamperfekt)

Indirekte Rede: Sie behauptet, dieser Stamm *habe* viele Kriege *geführt*.
(Indirekte Rede im Konjunktiv I)

Wenn die Form des Konjunktivs I mit der Form des Indikativs zusammenfällt, wird der Konjunktiv II als Ersatzform gewählt:

Direkte Rede:

Indirekte Rede: Er referierte, die Mayas *hätten* (**Konjunktiv II als Ersatzform** für Konjunktiv I „sie haben“) wichtige Erfindungen *gemacht*.

Nicht alle Informationen, die wir heute über die Mayas haben, sind gesichert. Oft müssen Wissenschaftler aus bestimmten Gegebenheiten Rückschlüsse ziehen.

4 Lies das folgende Gespräch der beiden Forscher genau durch. Kreuze an, welche der folgenden Thesen die einzelnen Positionen korrekt zusammenfassen.

A) Herr Groß ist der Meinung, Kriege hätten einen wesentlichen Anteil am Aufstieg der Maya-Kultur gehabt.

B) Herr Groß behauptet, häufige Kriege hätten schließlich zum Untergang der kulturellen Zentren der Mayas geführt.

C) Frau Heck glaubt, Faktoren wie die Klimaveränderung hätten zum Untergang der Maya-Kultur beigetragen.

D) Frau Heck führt an, die Mayas seien ein kriegerisches Volk und hätten Kriege geführt, um andere Städte zu zerstören.

5 Unterstreiche im folgenden Streitgespräch alle konjugierten Verbformen und bestimme ihre Tempora.

Das Kriegswesen der Mayas

Herr Groß: Das Volk der Mayas führte (*Präteritum*) sehr häufig untereinander Kriege. Das war sicher der Grund für den Untergang der klassischen Maya-Kultur.

Frau Heck: Das ist eine pazifistische[1] Deutung, der ich mich nicht anschließen kann. Schließlich schlossen sich Kultur und Krieg jahrhundertelang nicht aus.

Herr Groß: Es gibt aber eine Reihe von Indizien[2], dass es in der Zeit des Niedergangs der klassischen Zentren vermehrt zu Kriegshandlungen gekommen ist.

Frau Heck: Das ist richtig. Nachdem sich allerdings die übrigen Gegebenheiten, wie zum Beispiel das Klima, geändert hatten, konnte auch das zum Untergang einer Kultur führen.

---

[1] pazifistisch: Adjektiv zu Pazifist: jemand, der Krieg aus religiösen oder ethischen Gründen ablehnt
[2] Indizien: Anzeichen

Herr Groß Welche Funktion hatte denn dann Ihrer Meinung nach die Kriegsausübung bei den Mayas?

Frau Heck Sie diente politischen, wirtschaftlichen und auch religiösen Zwecken: Häufiges Ziel war die Kontrolle über konkurrierende Stadtstaaten. In anderen Worten: Die Mayas führten Krieg nicht, um eine gegnerische Stadt zu zerstören, sondern um sie abhängig zu machen.

Herr Groß Bei den Mayas hat es aber keine Soldaten im eigentlichen Sinn gegeben. Wahrscheinlich ergänzten im Kriegsfall kurzfristig eingezogene Bauern die wenigen militärischen Führer aus dem Adel. Bildliche Darstellungen zeigen uns nämlich sowohl einfach gekleidete Kämpfer als auch äußerst aufwändig kostümierte.

Frau Heck Aber in dieser Kostümierung war das Kämpfen äußerst schwierig. Aus diesem Grund waren Form und Funktion des Kampfes bei den Mayas teilweise offenbar anders als bei vergleichbaren Völkern.

Herr Groß Sie spielen mit Ihrer Bemerkung sicher auf die sogenannten Blitz-Kriege an, die die Mayas anscheinend in der Blütezeit der Maya-Kultur oft austrugen.

Frau Heck Richtig. Dabei entführte man zuerst den feindlichen König und opferte diesen, um im Anschluss die völlig verwirrten Bürger zu attackieren.

Herr Groß Ob sie nun der Grund für den Untergang waren oder nicht – wir sind uns sicher in dem Punkt einig, dass diese Kriege für beide Gegner stets sehr verlustreich gewesen waren.

Frau Heck Darin stimme ich Ihnen zu.

6 Frau Heck und Herr Groß halten unabhängig voneinander Vorträge über die Mayas. Beide referieren jeweils die Position des anderen in indirekter Rede zu Beginn. Verfasse diesen Teil der Rede. Beginne folgendermaßen:

Herr Groß stellte fest, das Volk der Mayas habe sehr häufig untereinander Kriege geführt. Das sei sicher der Grund für den Untergang der klassischen Maya-Kultur gewesen …

Frau Heck ist der Meinung, dies sei eine pazifistische Deutung von mir, der sie sich nicht anschließen könne. Schließlich hätten sich …

Umgang mit Modalverben und Modaladverbien

Modalverben und Modaladverbien

Mit den **Modalverben** *dürfen, können, mögen, sollen, müssen* und *wollen* kann man eine Aussage verstärken oder abschwächen bzw. einen Wunsch, eine Möglichkeit oder eine Notwendigkeit ausdrücken.

Modaladverbien wie zum Beispiel *gern, sehr, anders, vergebens, nur, vielleicht, kaum, unbedingt, sicherlich* beschreiben näher, auf welche Weise man eine Handlung vollzieht.

Eine berühmte Persönlichkeit aus dem Volk der Mayas ist Rigoberta Menchú Tum. Sie erhielt 1992 als jüngste Frau den Friedensnobelpreis für ihren Einsatz für die unterdrückten Völker Guatemalas, besonders für die Mayas.

1 Fasse die einzelnen Abschnitte aus Rigoberta Menchús Autobiografie und aus ihrer Rede zur Verleihung des Friedensnobelpreises in je einem Satz in indirekter Rede zusammen.

Rigoberta Menchú – Leben in Guatemala

Die berühmt gewordene Autobiografie von Rigoberta Menchú, beginnt mit den Worten:

A) Ich heiße Rigoberta Menchú. Ich bin 23 Jahre alt, und meine Lebensgeschichte soll lebendiges Zeugnis ablegen vom Schicksal meines Volkes. Es ist keine Geschichte aus Büchern, sondern gemeinsam mit meinem Volk gelebte Geschichte [...] Durch meine Geschichte will ich versuchen, das Leben aller armen Menschen in Guatemala zu beschreiben [...]

Rigoberta Menchú betont, ______________________________

____

____

Aus der Rede zur Verleihung des Friedensnobelpreises:

B) Ich möchte ein paar Worte im Namen all derer sagen, deren Stimme man nicht hören kann oder die unterdrückt wurden, weil sie ihre Meinung geäußert haben, im Namen all derer, die an den Rand gedrängt, diskriminiert wurden, die in Armut leben, im Namen all derer, die Opfer von Unterdrückung und Menschenrechtsverletzungen sind. [...]

____

____

____

C) Ich möchte die Bedeutung dieses Nobelpreises in erster Linie beschreiben als einen Tribut an die Indianervölker, die geopfert wurden und verschwunden sind, weil sie nach einem würdevolleren und gerechteren Leben mit Brüderlichkeit und Verständigung zwischen den Menschen strebten [...]

D) Wer kann sagen, welch weitere große wissenschaftliche Entdeckungen und Entwicklungen diese Menschen erzielt haben könnten, wenn sie nicht mit Blut und Feuer überzogen und einem Ethnozid[1] unterworfen worden wären, der im Lauf von 500 Jahren fast 50 Millionen Menschen betroffen hatte. [...]

E) Wir dürfen nicht vergessen, dass es – als die Europäer nach Amerika kamen – dort blühende und starke Kulturen gab. Man kann nicht von einer Entdeckung Amerikas sprechen, denn man entdeckt etwas, von dem man nicht wusste oder was versteckt war. [...]

F) In der neuen Gesellschaft Guatemalas muss es eine tiefgreifende Umorganisation geben hinsichtlich des Landbesitzes, um das landwirtschaftliche Potenzial ausschöpfen zu können und um den rechtmäßigen Besitzern das Land zurückzugeben, das ihnen weggenommen wurde [...]

(Aus: http://www.dadalos-d.org/deutsch/Vorbilder/vorbilder/rigoberta/rigoberta.htm; leicht verändert; Zugriff 28.02.07)

2 Rigoberta Menchú Tum verwendet mehrfach Modalverben, um ihre Meinung darzustellen. Unterstreiche diese.

3 Untersuche mithilfe von Ersatzproben die Wirkung von Modalverben und Modaladverbien:

a) Schreibe dazu die Sätze in den Abschnitten A bis C, in denen Modalverben vorkommen, ab und ersetze dabei das verwendete Modalverb durch das Vollverb im selben Satz.

Beispiel: Meine Lebensgeschichte soll lebendiges Zeugnis ablegen vom Schicksal meines Volkes.

→ Meine Lebensgeschichte legt lebendiges Zeugnis ab vom Schicksal meines Volkes.

[1] der Ethnozid: Zerstörung der kulturellen Identität einer Volksgruppe, indem man sie zwingt, sich an eine andere Kultur anzupassen und ihre eigene aufzugeben.

b) Verstärke die Aussagen der Originalsätze durch Hinzufügen von Modaladverbien.
Beispiel: Meine Lebensgeschichte soll unbedingt Zeugnis ablegen …

c) Vergleiche die Wirkung beider Varianten mit dem Originaltext. Entscheide, welche Fassung am wirkungsvollsten ist, um Rigoberta Menchús Anliegen durchzusetzen.

Adverbialsätze im Blick

Adverbialsätze erkennen und bestimmen

Die Gran Plaza von Tikal (Maya-Ruinen im Regenwald des Petén/Guatemala). Archäologen gehen heute davon aus, dass noch mindestens 80 % der ehemaligen Maya-Stadt vom Urwald bedeckt sind.

1 Fülle die Lücken im Informationskasten auf der nächsten Seite mithilfe folgender Bausteine:

- Bedingung, Voraussetzung
- Ort, Richtung
- wie
- Folge
- falls
- als
- wohin
- Absicht, Zweck
- dass
- Vergleich
- da
- sobald
- Ursache, Grund
- bevor
- dass
- Zeitpunkt, Dauer

Itzamnà, der hakennasige Staats- und Kulturgott der Mayas

Adverbialsätze auf einen Blick

Adverbialsätze sind Nebensätze, die durch unterordnende Konjunktionen eingeleitet werden und inhaltliche Zusammenhänge verdeutlichen.
Beachte: Wie alle anderen Nebensätze auch werden Adverbialsätze durch Kommas vom Hauptsatz (und von Nebensätzen anderer Art) abgetrennt!
Folgende Adverbialsätze kennst du schon aus Klasse 7:

Adverbialsatz	Aussage über	Konjunktion	Beispiel
Temporalsatz	________ ________	nachdem; als; während; wenn; ________	**Nachdem der Schöpfergott der Mayas Hunapù den Kosmos geschaffen hatte**, brachte Itzamnà den Menschen die Schrift und die Kultur.
Kausalsatz	________ ________	weil; ________	Die Mayas mussten den Göttern ständig Opfer bringen und sie besänftigen, **weil ihr Schicksal gänzlich von diesen abhing**.
Finalsatz	________ ________	damit; ________	**Damit der Sonnengott täglich am Himmel erschien**, wurden viel Blut und sogar Menschen für ihn geopfert.
Konsekutivsatz	________ ________	so dass; ________	Die Mayas hinterließen Bücher und Schriftzeichen auf Steintafeln, **so dass wir heute noch etwas über ihre alte Kultur erfahren können**.
Konditionalsatz	________ ________	wenn; sofern; ________	**Wenn den Forschern noch die Entzifferung aller Schriftzeichen gelingen sollte**, könnte man vielleicht auch den mysteriösen Untergang der Mayas besser aufklären.
Komparativsatz	________ ________	als ob; ________	Die Mayas schauten mit solcher Hingabe zu den Sternen auf, **als ob davon ihre ganze Existenz abhinge**.
Lokalsatz	________ ________	wo; woher; ________	**Wo wir heute in alten Maya-Ruinen schiefe Winkel und Öffnungen entdecken**, zeigt sich die nach Sonnenstand und Sternen ausgerichtete Maya-Architektur.
Neu kommen hinzu:			
Modalsatz	Art und Weise	dadurch dass; indem	**Indem die Mayas ihre Kenntnisse über den Lauf der Gestirne anwendeten**, konnten sie einen sehr genauen Kalender entwerfen.
Konzessivsatz	Einräumung, Zugeständnis	obwohl; obgleich; wobei	**Obgleich viele verlassene Städte und Steintafeln über 1000 Jahre vom Urwald bedeckt waren**, sind sie noch gut erhalten.
Adversativsatz	Gegensatz	anstatt dass; während	**Während die Städte der Mayas alle untergingen**, lebt ihre Kultur noch bis heute fort.

2 Lies den folgenden Text aufmerksam und halte anschließend drei bemerkenswerte Informationen über die Mayas schriftlich fest.

- ______________________________

  ____
- ______________________________

  ____
- ______________________________

  ____

3 a) Unterstreiche im Text alle Adverbialsätze und umkreise jeweils die einleitende Konjunktion.

b) Notiere am Rand jeweils die Art des Adverbialsatzes, um die es sich handelt.

Die Mayas – Aufstieg einer indianischen Hochkultur und Supermacht in Mittelamerika

Obwohl um 1000 v. Chr. das südöstliche Tiefland Mexikos aus Sümpfen bestand, wanderten die Mayas aus dem Hochland Guatemalas dorthin ein. Indem sie die Sümpfe mit Kanälen trockenlegten, konnten sie Mais und andere Nutzpflanzen anbauen. Während sie im Hochland oft an Trockenheit litten, hatten sie nun genügend Wasser zur Verfügung. Konzessivsatz

Die Stele (Steintafel) K von Quiringa (805 n. Chr.) zeigt eine sitzende Person mit Krone (in der Mitte) sowie verschiedene Schriftzeichen und Ornamente.

Im 7. Jahrhundert v. Chr. begannen sie, monumentale Pyramiden, Paläste und Tempelanlagen aus Stein zu errichten, so dass Städte entstanden. Dadurch dass sie mit den Olmeken und Zapoteken, die schon einige Jahrhunderte vor den Mayas ihre Hochkultur in Mexiko entfalteten, einen regen Handel pflegten, lernten die Mayas deren Schrift und Kalender kennen. Die Mayas entwickelten schließlich einen Kalender, der auf präzisen astronomischen Beobachtungen beruhte und dadurch auch den julianischen Kalender[1] in Europa an Genauigkeit übertraf. Der julianische Kalender muss-

[1] Der julianische Kalender wurde im Jahre 46 v. Chr. eingeführt. Er zählt die Jahre von der Gründung der Stadt Rom an. Die heutige Einteilung des Jahres in 365 Tage, die Länge der Monate und der Schalttag alle vier Jahre beruhen auf ihm. Er ist nach dem römischen Staatsmann G. *Julius* Caesar (100 – 44 v. Chr.) benannt.

te 1582 um zehn Tage vorgestellt werden, da er gegenüber dem Sonnenjahr um elf Minuten zu lang war, was damals zur Einführung unseres heutigen gregorianischen Kalenders durch Papst Gregor XIII. führte.

Unsere Kenntnisse über die Kultur der Mayas wären heute um ein Vielfaches geringer, wenn diese nicht um 300 n. Chr. begonnen hätten, Steintafeln, sogenannte Stelen, zu errichten. Während die Forscher heute immer noch nicht alle der dort verwendeten Schriftzeichen verstehen können, erfahren wir darauf doch einiges über die Leistungen der Könige. Obgleich die Stelen schon sehr alt sind, blieben sie gut erhalten, da sie von der Vegetation des Regenwaldes schützend überwuchert wurden. In den Inschriften ließen die Könige vor allem ihre Siege gegen andere Herrscher verewigen, so dass wir heute daraus schließen können, dass sich die Stadtstaaten der Mayas praktisch ständig bekriegten. Sofern man allerdings etwas über eine Niederlage erfahren möchte, muss man bei den Stelen der entsprechenden Gegner nachschauen.

Die Funktion bestimmter Adverbialsätze erklären

4 a) Lies den folgenden Text und stelle anschließend den Schöpfungsmythos der Mayas in einer Textskizze dar.
b) Begründe, warum sich eine Anordnung als Treppe für die Skizze anbietet.

- ____
____

Die Schöpfung des Menschen in drei Versuchen:

1. Versuch

aus **Lehm** geformte Menschen

können zwar sprechen,

aber ____________

Der Maisgott „Hun-Hunapu“, einer der ältesten Götter der Mayas. Als Symbol für den Mais stand er für die Fruchtbarkeit der Erde.

Der Schöpfungsmythos der Mayas – „Menschen aus Mais“

(1) Da die Götter – gemäß den heiligen Schriften der Mayas – jemanden brauchten, der sie achtete und verehrte, erschufen sie die Menschen. Die ersten Menschen formten sie aus Lehm. Obwohl diese sprechen konnten, ergaben ihre Worte keinen Sinn. Deshalb wurden sie wieder von den Göttern zerstört. Die zweiten Menschen erschufen die Götter, indem sie diese aus Holz schnitzten. Doch diese Lebewesen hatten weder Gefühle noch Verstand. Die Götter sahen ihre Fehler ein und schickten eine große Flut, die nur wenige der Holzgeschöpfe überlebten und so zu den Vorfahren der Affen wurden. Anstatt dass sie ihr Vorhaben ganz aufgaben, unternahmen die Götter einen letzten Versuch, einen Menschen zu schaffen. Sie vermischten Maismehl mit ihrem eigenen Blut, so dass ein wohlgeformter Mensch entstand, der die leibhaftigen Spuren der Götter selbst in sich trug.

Weil dann die Indigenas (indianische Urbevölkerung) Mexikos vor ungefähr 6000 Jahren lernten, den Mais zu kultivieren, wurde es möglich, sesshaft zu werden und große Bevölkerungsansammlungen zu ernähren. Mais war und ist mit Abstand das wichtigste Nahrungsmittel der Mexikaner. Und so verwundert es nicht, dass viele Gottheiten Mexikos mit Mais in Verbindung gebracht wurden und Mais den Mayas als heilige Pflanze galt. Mexikanische Maisfladen, sogenannte Tortillas, gibt es heute auch in deutschen Supermärkten zu kaufen.

5 Der oben stehende Text enthält sechs Adverbialsätze. (Das angegebene Beispiel ist dabei mitgezählt.)

a) Unterstreiche alle Adverbialsätze.

b) Nenne jeweils die Art des Adverbialsatzes.

c) Nummeriere die Adverbialsätze im Text und erkläre dann kurz, was gerade durch diese Art von Adverbialsatz an der entsprechenden Stelle zum Ausdruck kommt.

- Z. B.: *Adverbialsatz Nr. 1 = Kausalsatz: Dieser Adverbialsatz erklärt hier den Grund, warum die Götter die Menschen erschufen: Sie brauchten jemand, der sie achtete und verehrte.*
- Nr. 2: ______
- Nr. 3: ______
- Nr. 4: ______
- Nr. 5: ______

- Nr. 6: ______________________________

____

____

Adverbialsätze bilden

6 Bilde aus den im Folgenden unterstrichenen Adverbialen Adverbialsätze, so dass ein Satzgefüge aus Haupt- und Adverbialsatz entsteht.

Die Krypta der Inschriftenpyramide von Palenque bei ihrer Entdeckung am 13. Juni 1952. Eine gewaltige Grabplatte mit Skulpturen bedeckt den Sarkophag von König Pacal.

Die Grabbeigaben der Mayas

a) Nach der Entdeckung der unterirdischen Grabkammer des Maya-Königs Pacal durch den mexikanischen Archäologen Lhuillier 1949 in den Ruinen von Palenque konnten sich die Forscher genauere Vorstellungen vom Totenkult der Mayas machen.

Beispiel:
→ *Nachdem der mexikanische Archäologe Lhuillier 1949 in den Ruinen von Palenque die unterirdische Grabkammer des Maya-Königs Pacal entdeckt hatte, konnten sich die Forscher genauere Vorstellungen vom Totenkult der Mayas machen.*

b) Im Gegensatz zu den anderen Tempeln und Gebäuden, die keinen Keller hatten, fand Lhuillier im Inschriftentempel unter einer großen Steinplatte mit Löchern Treppen, die in die Tiefe führten.

→ *Während* ______________________________

____

____

____

____

Die Totenmaske des Königs Pacal, die dessen Skelett bedeckte. Das Jademosaik mit Perlmutteraugen, Obsidianregenbogenhaut und gemalter Pupille ist 24 cm hoch und zählt nicht weniger als 200 Elemente. Im Mund befindet sich ein T-förmiges Symbol, das an den Regengott und ein Weiterleben nach dem Tod erinnert.

c) Durch bestimmte, den Verstorbenen in den Mund gelegte Grabbeigaben konnte auf den Glauben der Mayas an ein Leben nach dem Tod geschlossen werden.

→ ______________________________

____

____

d) Jadeitmasken und andere Fundstücke aus Jadeit (Grünstein) galten wegen ihrer grünen Farbe als Zeichen der Fruchtbarkeit und des ewigen Lebens. → ______

______

______

e) Zur Garantie ihrer besonderen Stellung, die sie auch im Totenreich innehaben sollten, wurden den Fürsten Schmuck und andere Herrscherinsignien mit ins Grab gelegt. → ______

______

______

f) Beigefügte Keramiken wurden trotz ihres hohen Wertes durchbohrt. → ______

______

g) Man betrachtete sie also durch diese rituelle „Tötung" als symbolisches Geschirr.

→ ______

______

h) Zur Begleitung ihres Herren wurden schließlich auch Diener, Frauen und Krieger geopfert und mit ins Grab gelegt. → ______

______

7 Forme im Folgenden jeweils einen der beiden Hauptsätze in einen Adverbialsatz um, so dass ein logisch verknüpftes Satzgefüge aus Haupt- und Nebensatz entsteht.

Der Regen-, Wasser- und Fruchtbarkeitsgott Chaak, der an seiner Rüsselnase gut zu erkennen ist.

Weiteres zum Totenkult und den Gräbern der Mayas

a) Verstorbenen Mayafürsten wurden zahlreiche Dinge mit ins Grab gelegt. Der Weg ins Totenreich sollte ihnen erleichtert werden.
Beispiel: → *Indem man verstorbenen Mayafürsten zahlreiche Dinge mit ins Grab legte, sollte ihnen der Weg ins Totenreich erleichtert werden.*

b) Einerseits wurden die Mayafürsten tief unterirdisch oder im Kern einer Tempelpyramide begraben. Andererseits konstruierte man gleichzeitig auch einen Zugang nach draußen. → *Obwohl* ______

______

______

c) Die meisten Grabkammern hatten einen kleinen Schacht oder Kanal. Durch diesen konnte die Seele zum Himmel aufsteigen. → ______

______

d) Die Gräber der einfachen Bevölkerung waren meist nur flache Eintiefungen im Boden. Fürsten und Könige wurden in gut ausgebaute und bunt bemalte Grabkammern gelegt.

→ ______

______

______

e) Die Mayas führten Ahnenbeschwörungen mit Schlangen durch. Die Seelen der Verstorbenen erschienen im Maul der sogenannten Visionsschlangen.

→ ______

______

______

______

______

______

Einen Text mithilfe von Adverbialsätzen stilistisch verbessern

Der Ballspielplatz von Chichen Itza in Yucatan/Mexiko

8 Der folgende Text besteht nur aus Hauptsätzen. Er klingt dadurch etwas eintönig und der gedanklich logische Zusammenhang fehlt. Überarbeite den Text in folgenden Schritten:

a) Ordne zunächst die neun Adverbialsätze, die unter dem Text stehen, der passenden Textstelle zu.
Notiere die Nummer des Adverbialsatzes im Text (siehe Beispiel [3]).

b) Baue diese Adverbialsätze dann ein. Streiche dabei die Satzteile durch, die durch die Adverbialsätze ersetzt werden (siehe Beispiel zu [3]).

c) Schreibe den Text nun neu und achte auch auf die notwendigen Änderungen bezüglich Zeichensetzung, Groß- und Kleinschreibung, Wortstellung.

Z. B.: (Z. 2 f.) → Indem auch die Mayas dieses Ballspiel praktizierten, ehrten sie ihre Götter und Herrscher und trugen zur Unterhaltung der Herrscher und der Bevölkerung bei.

Das Ballspiel der Mayas

Das rituelle Ballspiel war wichtiger kultureller Bestandteil vieler Indianervölker in Mittelamerika. ~~Auch die Mayas praktizierten dieses Ballspiel.~~ [3] Sie ehrten damit ihre Götter und Herrscher und trugen zur Unterhaltung der Herrscher und der Bevölkerung bei. Die Mayas nannten das Spiel „Pok Ta Pok". Dieser Name wurde vom Geräusch des Balles beim Schlagen abgeleitet. „Pok Ta Pok" war eigentlich nur ein Spiel. Es diente aber auch zur Herbeiführung der Entscheidung in einem Krieg oder in religiösen Angelegenheiten. Jede Stadt besaß mindestens einen Ballspielplatz. Diese konnten von ganz unterschiedlicher Art und Größe sein. Auf einem kleinen Platz spielten zwei bis vier Spieler. Auf einem großen Platz konnten bis zu zehn Personen pro Mannschaft spielen. Den Ball durch die kleine Öffnung eines Ringes zu schleudern, war das Ziel des Spiels. Das Spiel insgesamt repräsentierte den täglichen und nächtlichen Gang von „Vater Sonne" durch Himmel und Unterwelt. Der Ring symbolisierte den Himmel oder den Kosmos. Der Ball bedeutete die Sonnenscheibe und somit das Leben an sich. Der Ball bestand entweder aus Gummi oder aus einem Totenschädel, der mit Leder bezogen war. Durch das gleichlautende Wort „k'ik" für Gummi und für Blut stellte der Ball auch die Lebenskraft und das Blut der Ahnen dar. Das Ballspiel galt als Mittler zwischen Leben und Tod. Es stand in engem Bezug zur Unterwelt. In früheren Zeiten waren die Spieler meist hochgestellte Persönlichkeiten, Fürsten und Priester. In späteren Zeiten waren es vor allem auch Kriegsgefangene. Das Ballspiel der Mayas diente nicht in erster Linie dem Spaß, vielmehr hatte es rituellen Charakter und war Teil ihres Opferkultes. Nach neuesten Erkenntnissen wurde wohl die ganze Siegermannschaft zur Ehrerbietung an die Götter und zum eigenen Einzug ins Reich der Götter geopfert.

Durch den Ring am oberen Ende der Wand musste der Ball gespielt werden.

[1] = während auf einem kleinen Platz zwei bis vier Spieler spielten
[2] = während es in späteren Zeiten vor allem auch Kriegsgefangene waren
[3] = indem auch die Mayas dieses Ballspiel praktizierten
[4] = obwohl „Pok Ta Pok" eigentlich nur ein Spiel war
[5] = so dass das Ballspiel als Mittler zwischen Leben und Tod galt
[6] = dadurch dass „k'ik" das Wort für Gummi und für Blut war
[7] = damit den Göttern Ehre erwiesen wurde und die Spieler selbst ins Reich der Götter gelangen konnten
[8] = weil das Spiel insgesamt den täglichen und nächtlichen Gang von „Vater Sonne" durch Himmel und Unterwelt repräsentierte
[9] = während der Ball die Sonnenscheibe und somit das Leben an sich bedeutete

Einen stilistisch guten Text verfassen

Blick über den Urwald und die Ruinen von Tikal/Guatemala

9 Schreibe mithilfe der Informationen einen informativen Text über den Untergang der Mayas. Achte auf eine sinnvolle Mischung von Hauptsätzen und Satzgefügen. Verdeutliche inhaltliche Zusammenhänge durch die Verwendung verschiedener Arten von Adverbialsätzen (siehe Seite 51).

10 Gib deinem Text abschließend eine passende Überschrift.

- Die Städte der Mayas im Tiefland, wie etwa Tikal in Guatemala, standen Anfang des 9. Jahrhunderts n. Chr. in voller Blüte.
- Zur gleichen Zeit wurden sie aber verlassen.
- Die Städte zerfielen.
- Sie wurden in kurzer Zeit vom Urwald überwachsen.
- Die Maya-Forscher stehen vor einem Rätsel.
- Warum verließen die Mayas ihre blühenden Städte?
- Es gibt verschiedene Erklärungshypothesen.
- Die meisten Wissenschaftler gehen von Ernteeinbußen und einer Hungersnot aus.
- Im Gebiet der Tieflandmayas wurde für das 8. Jahrhundert n. Chr. eine längere Trockenzeit nachgewiesen.

- Bis zum Anfang des 9. Jahrhunderts n. Chr. wuchs die Bevölkerung auf ca. 15 Millionen Menschen stark an.
- Eine Unfruchtbarkeit des Bodens wegen zu starker Nutzung wäre ebenfalls denkbar.
- Eine andere Gruppe von Wissenschaftlern macht Kriege für den Untergang der Tieflandmayas verantwortlich.
- Die Stadtstaaten der Mayas bekriegten sich bekanntlich ständig gegenseitig.
- Neue Thesen gehen vor allem von dem Kräftegleichgewicht zwischen den beiden Supermächten Tikal (Guatemala) im Süden des Tieflandes und Calakmul (Mexiko) im Norden aus.
- Dieses sorgte lange Zeit für eine übergreifende politische Stabilität und Frieden.
- Die Welt der Mayas war von Männern dominiert.
- Ende des 7. Jahrhunderts n. Chr. schaffte es ein Vasall Calakmuls, seine Tochter „Sechs Himmel“ in Naranjo auf den Thron zu bringen.
- Naranjo liegt in der Nähe Tikals.
- „Sechs Himmel“ opferte gleich nach ihrer Ankunft in Naranjo den Göttern Blut aus ihrer Zunge.
- Ihre Blut-Seele verschmolz mit dem Geist des Kosmos und machte sie so zur Königin.
- Sie war sehr machtgierig.
- Sie stand in Feindschaft zu Tikal.
- 695 n. Chr. ließ sie einen Adligen aus Tikal entführen.
- Jasaw, der König von Tikal, fasste diese – auch noch von einer Frau durchgeführten – Entführung als Kriegserklärung auf.
- Er griff den großen Erzrivalen Calakmul an und siegte.
- Das gesamte Gebiet der Tiefland-Mayas war sehr groß.
- Tikal konnte es in der Folgezeit alleine nicht regieren.
- Es entstand Aufruhr im Lande der Mayas.
- Selbsternannte Kriegsherren und plündernde Banden zerstörten ab dem 8. Jahrhundert die Städte.
- Dies könnte eine Erklärung für den Untergang der Tiefland-Mayas sein.
- Kriegerische Auseinandersetzungen könnten auch durch Nahrungsmittelknappheit ausgelöst worden sein.
- Die Maya-Städte des Hochlandes konnten sich länger halten.
- Sie wurden erst am Ende des 16. Jahrhunderts von den spanischen Kolonisatoren unterworfen.

Vereinfachte Karte der Maya-Städte des Tieflands um 800 n. Chr.

Zu Tisch! – Schwierige Fälle der Rechtschreibung und Zeichensetzung

Bekannte Regeln wiederholen

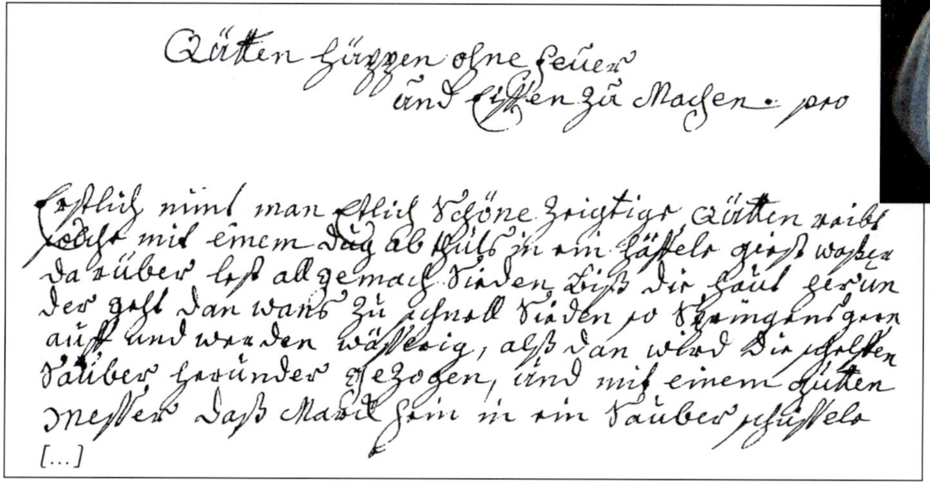

Quittenmus, Quittenspeck oder Quittenbrot waren vor rund 250 Jahren ein beliebtes weihnachtliches Naschwerk. Quitten waren zudem im griechisch-römischen Altertum das Symbol des Glücks, der Liebe und der Fruchtbarkeit. Die „Duftenden Äpfel", die „Venusäpfel", galten als Unterpfand einer glücklichen Ehe. In Attika, so wird berichtet, habe sich der Brauch bis in unsere Zeit erhalten, dass die Braut ihrem künftigen Ehemann eine Quitte ins Haus schicke.
Die Bäckerstochter Elisabetha Dorothea Schiller, Mutter von Friedrich Schiller, schrieb das folgende Rezept für Quittenhäppchen um 1760 auf.

(Nach Publikationen des Schillervereins Marbach e.V., Dez. 1982)

1 a) Lies zunächst die gedruckte Fassung des Rezepts für Quittenhäppchen von E. D. Schiller auf der folgenden Seite laut.

b) Finde heraus, bis zu welcher Stelle die Handschrift (siehe oben) abgedruckt ist.

2 Schreibe die Druckfassung in heutiges Deutsch um. Das moderne Rezept für Quittenkonfekt kann dir dabei helfen. Achte dabei auf korrekte Rechtschreibung und Zeichensetzung. (Worterklärungen: Canarien Zucker: feinste Sorte von raffiniertem Zucker in Form eines Zuckerhutes, auch Königszucker oder Candisbrod genannt; ein Hieppen Holß: Wallholz oder Nudelholz)

Elisabetha Dorothea Schiller (1732–1802): Qütten Hüppen ohne Feuer und Eissen zu Machen. pro

Erstlich nimt man Etlich Schöne zeigtige Qütten [reife Quitten] reibt solche mit einem Dug [Tuch] ab thuts in ein Häffele gieß waßer da rüber laß allgemach Sieden Biß die Haut Herunder geht dan wans zu schnell Sieden so Springens gern auff und werden wässerig, alß dan wird die schelen Sauber Herunder gezogen, und mit einem gutten Messer daß Mark fein in ein Sauber schüssele geschapt, daß Keine stückle oder Knölle giebt, wan [bis] es nach dem Gewicht, ein Virling [ein Viertelpfund] Marck ist so reibt Man eine Citronen auff einem feinen Canarien Zucker ab, schabt Solches mitt einem Messer ab alß dan stöss man den überigen Zucker daß Samt dem abgeschabtem ein Virling wird diesses wird mitt einem Ess Löffel wohl under ein ander gerührt daß ia Keine Knölle drin sint, daß gelbe von einem Ey wird auch nein gerührt, dan nimt Man zienerne oder Borcelane Theller diesse aber um gewant, und den Boden mit frieschem Butter ein wenig geschmiert, ein loffel voll von der Masse drauff gethan mitt einem Breitten Messer fein din und gleich herum gestrigen, die Theller auff einen warmem offen gelehnt oder gelegt daß recht ab Trocknen, daß gern Herunder gehn alß dan über ein Hieppen Holß gethan mitt Eyerweiß zu Samen gebagt, und an ein stängle oder Schnur an offen gehenckt daß recht Trocken werden alß dan mitt einem Scherle neben herum abgeschnieden, in eine schagtel gelegt und in der wärm auff Behallten, Sie halten Sich ein Virtel jahr und lenger Der Virling giebt 10 Biß 12 stück nach dem die Theller groß oder glein Sint, Schillerin

(Schillerverein Marbach e.V., Marbach am Neckar, 12/82)

Quittenkonfekt

500 g Quittenmark
500 g Zucker

Die Quitten abreiben, mit Schale und Kernhaus in Schnitze teilen und mit etwas Wasser weichkochen * Zugedeckt abkühlen lassen und durchpassieren * Das Mark abwiegen und mit dem Zucker vermengen * Auf kleiner Flamme eindicken, bis die Masse geliert * Zentimeterdick auf Porzellanplatten gießen und an kühlem Ort erkalten lassen * In verschobene Vierecke schneiden oder Formen ausstechen * Nach Belieben noch in Zucker wälzen * In Blechschachteln zwischen Pergamentpapier aufbewahren.

(Aus: Elizabeth Schuler, Mein Kochbuch. Das große Grundkochbuch, Schuler Verlagsgesellschaft Stuttgart, 34. Auflage o.J.)

3 Zur Zeit, als Dorothea Schiller das Rezept niederschrieb, gab es noch keine verbindlichen Rechtschreib- und Zeichenregeln. Notiere mindestens drei unserer heutigen Regeln, gegen die sie verstoßen hat.

- ______________________________
- ______________________________
- ______________________________

Schwierige Fälle der Groß- und Kleinschreibung

Groß- und Kleinschreibung

Großschreibung

- Verben, Adjektive, Partizipien und Pronomen schreibt man groß, wenn sie als Substantive gebraucht werden. Merkmale der Substantivierung sind häufig ein vorausgehender Artikel (*das Kochen*), eine vorausgehende Präposition (*zum Essen*) oder eine unbestimmte Mengenangabe (*nichts Würziges*).
- Das Anredepronomen *Sie* sowie die zugehörigen flektierten Formen (*Ihr, Ihnen* etc.) schreibt man groß (Höflichkeitsanrede).

Kleinschreibung

In folgenden Fällen schreibt man Adjektive, Partizipien und Pronomen klein, obwohl sie formale Merkmale der Substantivierung aufweisen:

- Adjektive, Partizipien und Pronomen, die sich auf ein vorhergehendes oder nachfolgendes Substantiv beziehen.
  Z. B.: *Auf der Party gab es zahlreiche Speisen, die süßen wurden bevorzugt, von den herzhaften blieben einige übrig.*
- Pronomen, auch wenn sie als Stellvertreter von Substantiven gebraucht werden, sowie Zahladjektive mit all ihren Flexionsformen.
  Z. B.: *Auf der Party gingen viele sofort zum Buffet, ich habe mich derweil mit diesem und jenem unterhalten. Die einen begannen mit Salat, die anderen gleich mit dem Hauptgang. Die beiden dagegen standen in der Ecke und aßen gar nichts.*
- Folgende Wörter, die meist als Substantive vorkommen, verlieren ihren substantivischen Charakter in Verbindung mit den Verben *sein, bleiben* oder *werden: angst, bange, freund, klasse, leid, pleite, recht, schuld, spitze.*
  Z. B.: Der *Koch war an der versalzenen Suppe nicht schuld.*

1 Lies die folgenden Informationen über Essgewohnheiten in verschiedenen Ländern und fülle die Lücken in korrekter Schreibweise.

Tischsitten und Essgewohnheiten in aller Welt

In **Thailand** werden die Gerichte in mundgerechten Stücken serviert. Messer braucht man also ______________ (KEINE), man isst mit dem Löffel in der ______________ (RECHTEN) und der Gabel in der ______________ (LINKEN) Hand. Ein typisches Thai-Menü besteht aus mehreren Gerichten in verschiedenen Geschmacksrichtungen. Es werden ______________ (VIELE) gleichzeitig serviert. Dazu gibt es einen Topf Reis, und zwar einen sehr ______________ (GROSSEN). Die Reihenfolge der Gerichte spielt keine Rolle und ______________ (JEDER) darf sich selbst bedienen.

In vielen Gegenden **Afrikas** ist es so, dass das Essen ausschließlich zum ______________ (SATT WERDEN) dient. Wer fertig ist, steht auf und geht seiner Wege. In traditionellen Familien werden die Männer zuerst bedient, dann essen die ______________ (ANDEREN), und zwar zunächst die Frauen, zum Schluss die Kinder.

In **China** ist das gemeinsame ______________ (ESSEN) der wichtigste soziale Anlass. Dabei steht das Essen selbst im Vordergrund, nicht verfeinerte Verhaltensregeln. Akzeptabel sind z. B. das ______________ (ABLEGEN) von ______________ (UNVERDAULICHEM), wie z. B. von Knochen, auf dem Tisch. Auch das ______________ (AUFSTOSSEN), ______________ (SCHMATZEN), ______________ (SCHLÜRFEN), ______________ (RAUCHEN) und ______________ (ZÄHNE SÄUBERN) ist erlaubt. Man darf auch mit vollem Mund reden. Aber ______________ (ANDERES) ist hingegen nicht erlaubt, so z. B. das ______________ (SCHNÄUZEN) bei Tisch. Beim ______________ (NACHGIESSEN) darf man nur die ______________ (ANDEREN) bedienen, nicht sich selbst.

In **Korea** wird viel Wert auf die Tischsitten gelegt. So ist es z. B., anders als in China, verpönt, beim ______________ (ESSEN) Geräusche wie ______________(SCHLÜRFEN) oder ______________ (SCHMATZEN) von sich zu geben. Auch werden Reis- oder Suppenschüssel nicht zum Munde geführt. Sind ______________ (ÄLTERE) am Tisch anwesend, dann beginnen die ______________ (ANDEREN) nicht zu essen, bevor nicht die ______________ (ALTEN) begonnen haben.

(Nach: Regina Kunz, Tandem 4, Schöningh Verlag, Paderborn 2006, S. 280)

In **Italien** wartet man beim ______________ (BESUCHEN) eines Restaurants am Eingang, bis der Kellner kommt und ______________ (EINEM) einen Tisch zuweist. Anders als bei uns erwartet man in Italien, dass der Gast nicht nur Teile eines Menüs isst, sondern ein ______________ (KOMPLETTES). Abschließend bestellt man einen Espresso, denn der ist in Italien einfach ______________ (KLASSE). Beim ______________ (BEZAHLEN) sollte man als Gruppe darauf achten, keine getrennte Rechnung zu verlangen. Andernfalls ist man an der schlechten Laune des Kellners selbst ______________ (SCHULD).

Familienmahlzeiten, ______________ (KOCHEN), ______________ (SPEISEN) und Ernährung sind zentraler Bestandteil der **französischen** Lebensart. Mehr als die Hälfte der Franzosen liebt das ______________ (KOCHEN), und anders als die übrigen Westeuropäer verwenden die Franzosen mit Vorliebe Rezepte, besonders ______________ (NEUE). Für Frankreich typisch ist das mehrgängige Menü, bestehend aus Vorspeise, Hauptgang, Käse und Dessert. Man nimmt sich Zeit für das Essen, diskutiert, bleibt gerne am Tisch sitzen. Zum ______________ (TRINKEN) gibt es Wasser und Wein, ein Brotkorb steht immer auf dem Tisch. Seit der franösischen Revolution darf ______________ (NIEMANDEM), auch nicht in einem Restaurant, Brot oder Wasser verweigert werden.

Lösungen

Die Welt über uns: Der Himmel – Sachtexte und Schaubilder erschließen

Informationen aus Sachtexten visualisieren

Seite 5, Übung 1 Individuelle Lösung

Seite 6, Übung 2a–c Zentrale Begriffe
Angaben zur räumlichen Verteilung und zum Aussehen

Heute wissen wir, dass die Sonne nur einer von rund 200 Milliarden Sternen einer riesigen Galaxie ist, die man Milchstraßensystem nennt. Man muss sich darunter eine große Scheibe aus Sternen, Gas und Staub vorstellen. Die Milchstraße hat die Form einer flachen Spirale mit dicht gewundenen Armen um einen großen, hellen Kern. Unser Sonnensystem befindet sich im äußeren Drittel dieser Spirale. Unser Sonnensystem ist also nicht etwa in der Mitte dieser Scheibe, sondern eher am Rand. Ähnlich wie die Planeten die Sonne umkreisen, dreht sich unser ganzes Sonnensystem einmal in 220 Millionen Jahren um das Zentrum des Milchstraßensystems. Dieses hat übrigens keine Sonderstellung im Weltall, sondern ist nur eine von vielen Milliarden Galaxien im uns bekannten Teil des Universums. Die Astronomen nehmen an, dass alle Orte des Weltalls gleichberechtigt sind, so dass es wohl überhaupt keinen echten Mittelpunkt gibt.

(Nach Erich Übelacker, Was ist was? Band 16. Planeten und Raumfahrt, Tessloff Verlag, Nürnberg 2001, S. 5)

Schaubildvorschlag:

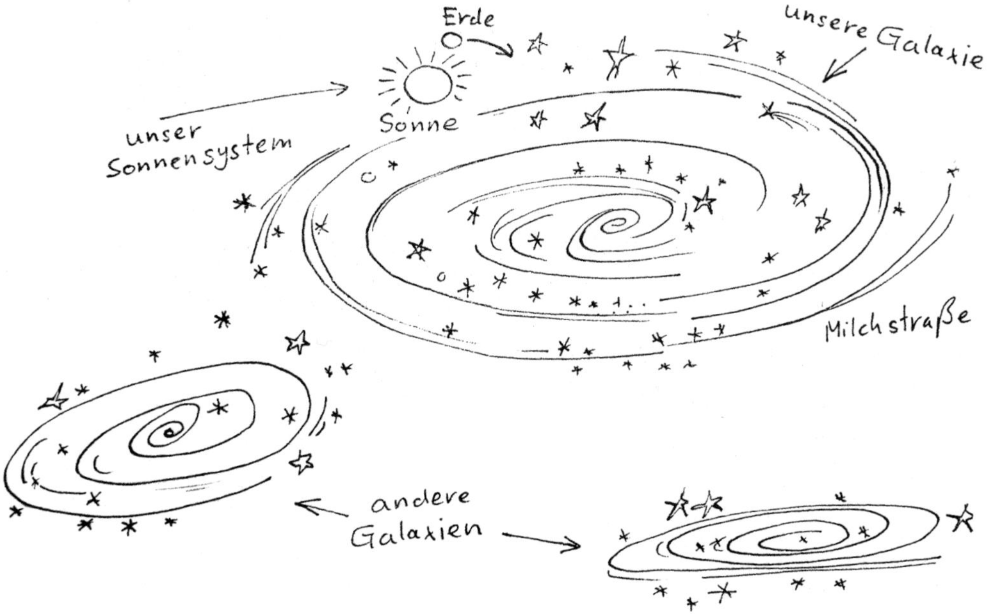

Seite 7, Übung 3

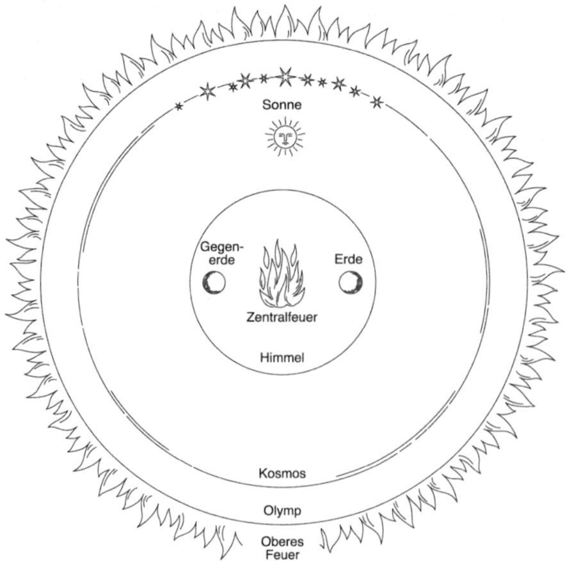

Übung 4

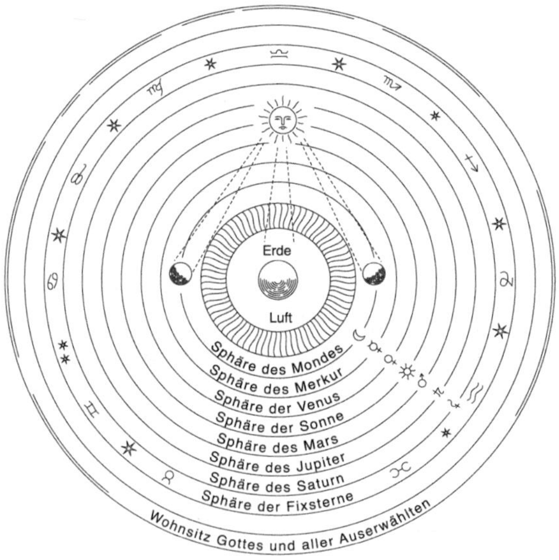

Seite 8, Übung 5a Die Grenze verläuft genau dort, wo durch den Kreisrand die Welten unterteilt werden.

Übung 5b Denkbare Überschriften: „Der Mensch bricht aus“ oder „Der Mensch entdeckt die Welt um sich herum“ oder „Blick in eine unbekannte Welt“

Übung 5c Der abgebildete Mensch bricht aus der ihm bisher bekannten Welt aus, um das zu entdecken, was sich hinter allem Bekannten befindet. Er will Unbekanntes erforschen, mehr wissen. Er will Befreiung von bisherigen Schranken erreichen.

Übung 5d Der Mensch ist vermutlich neugierig, aufgeregt, ängstlich, wissbegierig, erwartungsvoll.

Seite 9, Übung 6a Nikolaus Kopernikus (Z. 1, 8, 42), Ptolemäus (Z. 5), Tycho Brahe (Z. 10, 16), Johannes Kepler (Z. 15), Galileo Galilei (Z. 20, 26, 31, 33), Giordano Bruno (Z. 37, 42)

Übung 6b

- Kopernikus: heliozentrisches Weltbild (Z. 2); Sternenhimmel: feste und unbewegte Hülle (Z. 41)
- Brahe: Kompromiss: Erde steht im Mittelpunkt, aber die anderen Planeten kreisen um die Sonne, die sich mit ihnen um die Erde dreht. (Z. 13 f.)
- Kepler: Bahnen der Planeten nicht kreisförmig, sondern Ellipsen (Z. 17 f.); Planetenbahnen exakt berechenbar (Z. 19)

- Galilei: verbesserte die Qualität der Fernrohre (Z. 21); Entdeckung der Venusphasen (Z. 24 f.); entscheidender Hinweis auf das heliozentrische System (Z. 26 f.); Kirche verbot Galilei, seine Erkenntnisse zu verbreiten (Z. 30 f.) und zwang ihn, seine Aussagen öffentlich zu widerrufen (Z. 33 f.)
- Bruno: Universum aus unendlich vielen anderen Welten (Z. 38); Unendlichkeit des Universums (Z. 42)

Übung 6c

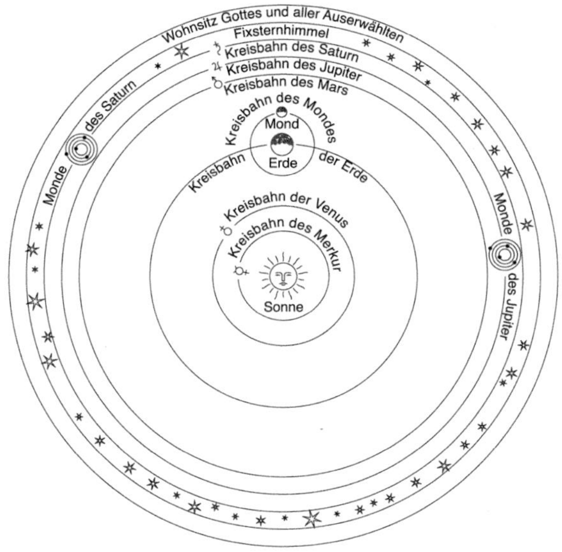

Seite 10, Übung 6d Zeitstrahl:

Name:	**Ptolemäus**	**Kopernikus**	**Brahe**		**Kepler**
Erkenntnis/ Entdeckung:	**Antike** geozentr. Weltbild; Erde im Mittelpunkt	**16. Jh.** heliozentrisches Weltbild; endliches Weltbild; Sternenhimmel feste Hülle	Kompromiss: Erde im Mittelpunkt, andere Planeten kreisen um die Sonne	**1608** Erfindung des Fernrohrs	**1609** elliptische Bahnen der Planeten; exakte Berechnungen

Name:	**Galilei**	**Kirche**	**Galilei**	**spätere Forschung**
Erkenntnis/ Entdeckung:	**17. Jh.** verbessertes Fernrohr; Beweis des heliozentr. Weltbildes	verbot Galilei, Erkenntnisse zu veröffentlichen	**1633** widerrief seine Aussagen	Bestätigung von G. Brunos Gedanken, dass das Universum aus unendlich vielen anderen Welten besteht → unendliches Universum

Übung 7

Bild Nr. 3 Zeile 9 nach „Sonnensystem“
Bild Nr. 6 Zeile 22 nach „wohin es fliegen soll“
Bild Nr. 4 Zeile 29 nach „zum andern und wieder zurück“
Bild Nr. 2 Zeile 34 nach „im Weltall herumfliegen“
Bild Nr. 5 Zeile 47 nach „Dinosaurier aus“
Bild Nr. 1 Zeile 56 nach „schnell dahin“

Seite 12, Übung 8 Nicht illustriert wird der dritte Abschnitt über die Planeten (Zeile 15–22).
Fehlendes Bild – Original:

Übung 9 Nicht-wissenschaftliche Aspekte des Textes:

- umgangssprachliche Wörter (Beispiele: „verbrutzelt“, „phänomenal“, „einen Haufen“, „Die Kollegen“, „Übel!“, „in dem ganzen Chaos“)
- Ansprachen an den Leser (Beispiele: „Festhalten!“, „Ganz schön beachtlich, die Kollegen, was?“)
- humorvolle Vergleiche und witzige Vermutungen (Beispiele: Popstar, Dinosaurier, Französisch sprechender Asteroid, großer schmutziger Schneeball, Strafzettel).
- Ausrufe, die Gefühle zum Ausdruck bringen (Beispiele: „Übel!“, „Einfach phänomenal!“, „Zum Glück!“)
- ungenaue Angaben (Beispiele: „schrumpfen sie gehörig“, „einen Haufen Satelliten“, ein Satellit ist „ein kleineres Ding“, „vor Millionen von Jahren“, „geradezu unverantwortlich schnell“)

Seite 13, Übung 10 Nicht passendes Element: Sonnensystem, weil das kein „Brocken“ in der Galaxie ist. Die Sonne wiederum ist ein Stern, muss also beim Ast „Stern“ erwähnt werden.

Mind-Map:

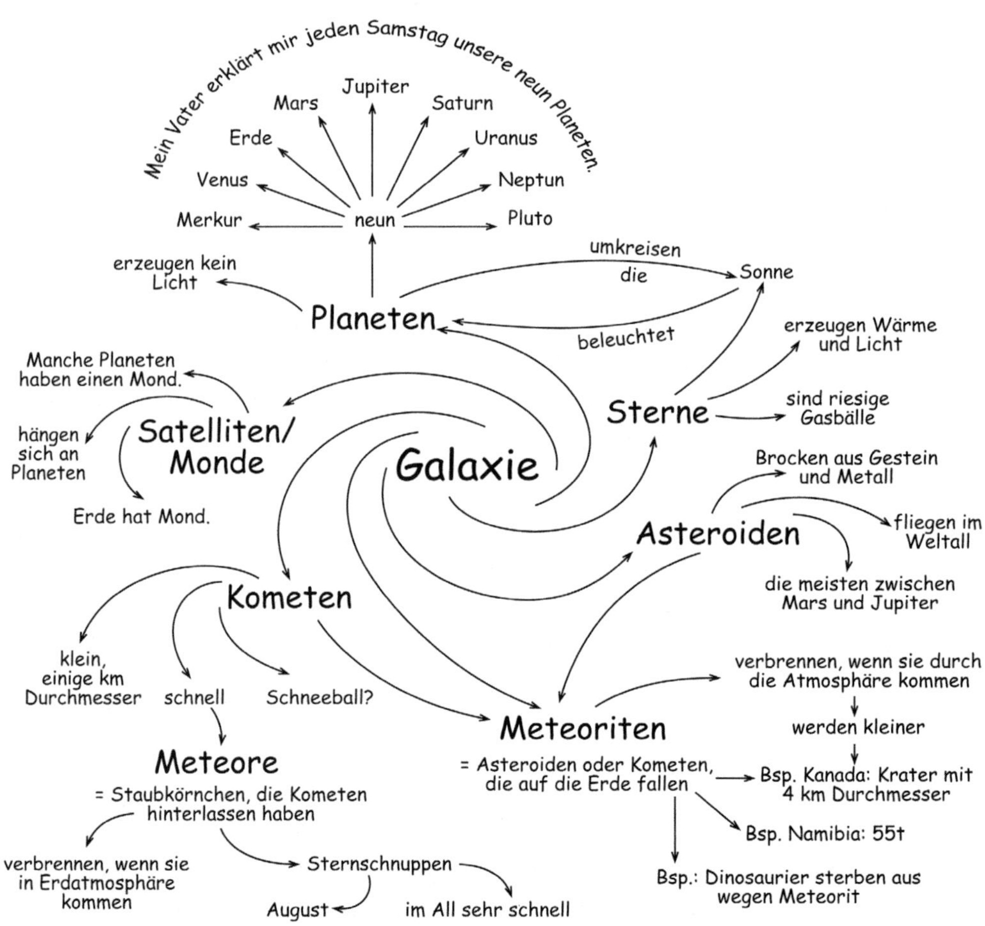

Mit Tabellen und Schaubildern arbeiten

Seite 14, Übung 1 Merkur und Venus heißen die inneren Planeten, weil sie der Sonne näher sind als wir auf der Erde. Die anderen Planeten sind weiter entfernt von der Sonne als wir und heißen deshalb äußere Planeten.

Übung 2
- Auf der Venus ist es mit 480 Grad sehr heiß, während es auf Uranus mit –183 Grad sehr kalt ist.
- Pluto ist mit 5966 Mill. km am weitesten entfernt von der Sonne, während Merkur mit 58 Mill. km der Sonne am nächsten ist.
- Venus dreht sich am langsamsten um sich selbst, während Jupiter sich am schnellsten um sich selbst dreht.
- Beim Saturn hat man bisher die meisten Monde gefunden.
- Pluto braucht am längsten, um die Sonne zu umlaufen, Merkur braucht am wenigsten Zeit dafür.

Seite 15, Übung 3 Individuelle Lösung

Übung 4 Argumente gegen Pluto als Planet:
- Er ist der kleinste Planet, vielleicht zu klein?
- Er ist sehr weit entfernt von der Sonne, vielleicht zu weit?
- Er hat nicht die gleiche Umlaufbahnform wie die anderen Planeten; diese ist eher elliptisch als kreisrund. Auch kreuzt sie die Bahn von Neptun.

Schwierige Texte schrittweise erschließen

Seite 16, Übung 1 Denkbare Vermutungen:
- Sollen die Planetennamen im Zuge der Rechtschreibreform anders geschrieben werden?
- Ist eventuell mit dem „dämlichen Hund" Pluto, der Freund von Mickey Mouse, gemeint? Dieser Hund ist aber sehr beliebt. Dies könnte ein Hinweis darauf sein, dass die Menschen auch den Planeten Pluto behalten wollen.

Seite 17, Übung 2 Erster Schritt: Gesamtaussage einsammeln

Der Text handelt von dem Planeten Pluto, der nach einer neuen Definition kein Planet ist. Der Autor lehnt diese Entwicklung ab.

Zweiter Schritt: Teilaussagen einsammeln

1. Abschnitt: Eine neue Definition scheint nötig, weil man andere Objekte gesichtet hat, die ähnlich groß sind wie Pluto. Man will aber nicht weitere Objekte zu Planeten machen.
2. Abschnitt: Eine Definition ist unsinnig – Vergleich mit dem Begriff „Kontinent", der auch nicht klar definiert ist, sondern intuitiv verstanden wird.
3. Abschnitt: Erklärungen aus der Vorgeschichte um Ceres, der aus der Riege der Planeten wieder herausgenommen wurde.
4. Abschnitt: Kritik an der „unsauberen" Lösung – Pluto wurde zum „Zwergplaneten" degradiert. Die Alternative wäre gewesen, andere Objekte, die ähnlich groß sind wie Pluto, auch zu Planeten zu ernennen.
5. Abschnitt: Dieser übereilte Schritt wird von vielen nicht angenommen. Es gibt Proteste.
6. Abschnitt: Hinweis auf Sinnlosigkeit der Definition, dass die Bahn eines Planeten frei von anderem Material sein müsse. Plutos Bahn kreuzt die von Neptun. Wieso ist dann Neptun noch ein Planet?
7. Abschnitt: Erklärung der neuen Größenklassen und Kritik daran, weil diese Unterteilung unzeitgemäß ist. Planeten habe man nur, weil die Antike sie schon hatte.

8. Abschnitt: Schwierigkeiten bei der neuen Einteilung. Hinweis auf die Rechtschreibreform, die ein ähnliches Chaos angerichtet habe.

Dritter Schritt: Textbesonderheiten einsammeln.
Die Textbesonderheiten sind im folgenden Text **fett** gedruckt.

Vierter Schritt: Letzte Unklarheiten beseitigen:
Fremdwörter sind umrahmt und werden als Fußnote erklärt.

Pluto ist als Planet entthront und damit seines Glanzes beraubt worden. So lautet verkürzt das Fazit der blamablen Nacht-und-Nebel-Aktion einiger Astronomen[1], die auf einer Generalversammlung der Internationalen Astronomischen Union in Prag erstmals den Begriff „Planet" definiert haben. Die Forscher hatten eine solche Definition für notwendig gehalten, weil sich in jüngerer Zeit im Sonnensystem **Objekte zu erkennen gaben, die etwa so groß sind wie Pluto, eins von ihnen sogar noch größer**. Dadurch stellte sich die Frage, ob man die Liste der Planeten wieder einmal – und diesmal erheblich – erweitern müsste oder ob es nicht besser sei, den Pluto zu streichen, was direkt niemand zu tun wagte. Die Folge der **überflüssigen Definition** ist ein Desaster[2].
Allein schon die Idee ist, recht betrachtet, absurd[3] gewesen. Es käme ja auch niemandem in den Sinn, das Wort „Kontinent" zu definieren. Mit Sicherheit bedürfte es vieler Verrenkungen, die Definition so zu formulieren, dass Europa ein Kontinent bliebe. Genauso, wie man von Kontinenten eine **intuitive[4] Vorstellung** hat, ist es mit den Planeten, die schon **seit der Antike zum Kulturgut vieler Völker gehören**. Gelegentlich hat sich diese Vorstellung zwar gewandelt – zum Beispiel, als Kopernikus die Erde aus dem Zentrum der bekannten Welt verdrängte und sie durch die Sonne ersetzte –, aber den Begriff zu definieren kam trotzdem niemandem in den Sinn.
In der Neuzeit ist die Liste der „klassischen" Planeten wegen der besseren Beobachtungsmöglichkeiten mit dem Fernrohr mehrfach verlängert worden, unter anderem um die in der Neujahrsnacht 1801 zwischen den Bahnen von Mars und Jupiter entdeckte Ceres. Als man erkannte, dass sich in der dortigen Region – dem „Asteroidengürtel" – viele andere Objekte bewegen, die entweder Fragmente eines einst zerborstenen oder Material eines noch nicht entstandenen Planeten sind, **wurde Ceres wieder von der Liste gestrichen**. Der anfangs in seiner Größe überschätzte Pluto ist ein Ausreißer aus dem anderen großen „Schrottgürtel" im Sonnensystem, dem Kuipergürtel jenseits der Bahn des Neptuns. Hätte man ihn mit demselben Argument wie Ceres als Planeten gestrichen, wären alle weiteren Diskussionen entfallen.
Zu einer „sauberen" Lösung konnten sich die Astronomen nicht aufraffen, weil Pluto dafür zu **viele Freunde hat**. Das liegt unter anderem daran, dass der dämliche Hundefreund von Mickey Mouse nach dem Planeten benannt worden war. Deshalb sind die Astronomen auf die unselige Idee verfallen, den Begriff „Planet" zu definieren. Zu Beginn der Prager Generalversammlung legte ein Komitee[5] einen für alle Planeten des Kosmos geltenden Entwurf vor, dem zufolge die Liste der Planeten – einschließlich Plutos – **um etliche plutogroße Objekte erweitert worden wäre**. Als zehn Tage später – die meisten Astronomen waren bereits abgereist – nach heftigen Diskussionen über die jetzt nur noch für das Sonnensystem geltende Definition abgestimmt wurde, hatte sich das **Konzept in sein Gegenteil verkehrt**. Pluto soll nun **aus angeblich objektiven Gründen kein Planet mehr sein**, sondern zusammen mit ähnlich großen Objekten eine neue Familie der **Zwergplaneten** bilden.

1 Stern- und Himmelsforscher
2 Missgeschick, Zusammenbruch
3 widersinnig, dem gesunden Menschenverstand widersprechend, sinnlos
4 gefühlsmäßiges Erfassen eines Sachverhalts ohne Nachdenken
5 Gruppe von Personen, die eine Veranstaltung leiten

Die Planetendefinition, die ein Jahrhundertwerk hatte werden sollen, ist übereilt und ohne ausreichend Zeit für Diskussionen beschlossen worden. Kein Wunder, dass sie von handwerklichem und pädagogischem Unverstand zeugt. Deshalb wollen sie viele Forscher gar nicht beachten. In Amerika zum Beispiel haben sich dreihundert Fachastronomen in einer Petition[6] gegen die Beschlüsse gewandt. Und auch für die Wissenschaftler, die an der Anfang des Jahres gestarteten und jetzt zum Pluto fliegenden Raumsonde „New Horizons" beteiligt sind, ist **Pluto weiterhin ein vollwertiger Planet**.

Wie schwammig und interpretationsbedürftig die Definition ist, zeigt sich unter anderem am Planeten Neptun. Pluto konnte nämlich aus der Planetenliste nur deshalb gestrichen werden, weil man den Passus[7] einführte, **die Bahn eines Planeten müsse von anderem Material leergefegt sein**. Das könne aber für Pluto nicht gelten, weil er die Bahn des Neptuns kreuze. Mit welcher Berechtigung ist dann **Neptun**, der die Bahn des Plutos kreuzt, weiter ein Planet?

Im Sonnensystem gibt es – übergangslos – große, kleine und kleinste Objekte bis hin zum Staubkorn. Die **Sonderstellung der Planeten war bislang einzig eine Reverenz[8] an die Antike**, daneben kannte man nur die Kleinplaneten und, parallel dazu, die Kometen. Von nun an soll es gar **drei Größenklassen** geben: Planeten, Zwergplaneten und „Kleine Objekte im Sonnensystem", zu denen neben Kleinplaneten auch die Kometen gerechnet werden sollen. Diese Unterteilung in noch mehr Größenklassen ist unzeitgemäß und berücksichtigt nicht die natürlichen Gegebenheiten. Davon abgesehen – auf die jetzt abgeschafften Kleinplaneten wollen die meisten Astronomen nicht verzichten. Der „Zwergplanet" Pluto hat vor wenigen Tagen sogar eine „Inventarnummer[9]" (134 340) in der Liste der Kleinplaneten erhalten, die es offiziell gar nicht mehr gibt.

Weitere **Schwierigkeiten** wird die **Zusammenfassung von Kleinplaneten und Kometen** in der Gruppe der kleinen Objekte bereiten. Bislang sind nämlich Kleinplaneten nach anderen Regeln benannt worden als die Kometen. Für Kleinplaneten konnten die Entdecker Namen vorschlagen, die Kometen dagegen wurden nach den Entdeckern benannt. Wie will man sich da künftig einigen? Die neue Planetendefinition ist offenbar genauso unüberlegt eingeführt worden wie die hiesige Rechtschreibreform und scheint zu einem ähnlichen Chaos zu führen.

(Aus: Günter Paul, Dämlicher Hund – Die neue Planetendefinition trägt die Rechtschreibreform ins All, in: FAZ vom 15. September 2006)

Seite 19, Übung 3a/b Dass Pluto nun kein Planet mehr sein soll, findet Günter Paul ebenso unnötig wie die Rechtschreibreform. Er ist gegen diese Entwicklung und behielte Pluto gerne weiter als Planeten.

Die Menschen auf dem Bild sind ebenfalls gegen diese Entwicklung, weil sie finden, dass Pluto nicht wegen seiner Größe herabgestuft werden sollte. Auch sie wollen Pluto als Planeten beibehalten.

Übung 3c Individuelle Lösung

Übung 4 Mögliche Merkverse sind:

- Mit viel Erfolg merkt Juliane sich unsere Neuigkeit.
- Mit viel Eifer merkt jeder sich unsere Neuen.
- Mit viel Elan macht Jupiter seine Umlaufbahn nicht!

6 Bittschrift, Eingabe
7 Abschnitt in einem Text
8 Verbeugung, Ehrerbietung
9 Das Inventar ist ein Verzeichnis der zu einer Gesamtheit (z. B. einer Firma) gehörenden Einzelgegenstände.

Alles Theater! – Rund ums Schreiben

Den Inhalt eines Dramentextes wiedergeben

Seite 20, Übung 1b

Mögliche Ergänzungen:
- Informationen über den Autor
- Fotos von Karl Valentin
- Informationen über die Proben
- Die Schauspieler privat
- Danksagungen
- Fotos aus den Proben
- Zusätzliche Sachinformationen (z. B. über den historischen Hintergrund)

Seite 23, Übung 2a/b

lustige Dialogstellen (= rot), Interesse des Beamten (= grün)
Textstellen, die Aufschluss über Valentins Charakter geben (vgl. S. 29, Übung 3)
Sinnabschnitte (vgl. Übung 4, S. 23) werden wie folgt gekennzeichnet: ◥
Sprechhandlungen (vgl. Übung 7, S. 24) sind ***fett und kursiv*** eingefügt.

Karl Valentin: In der Berufsberatungsstelle

Beamter: Was sind Sie von Beruf?
Valentin: Maschinist.
Beamter: In was für einem Betrieb sind Sie Maschinist?
Valentin: In einer Bäckerei.
Beamter: Bäckerei? – Was haben Sie denn da für eine Maschine bedient?
Valentin: Die Semmelbröselreibmaschine.
Beamter: Semmelbröselreibmaschine? Ist das so eine komplizierte Maschine, dass man da einen eigenen Maschinisten braucht?
Valentin: Gewiss, der Bäckerlehrling schüttet einen Korb voll altbackenen Semmeln oben in den Semmelsammelbehälter und ich habe unten die Handkurbel gedreht und die Semmelbrösel liefen dann auf der Seite in einen leeren Sack hinein. ***(erläutern)***
Beamter: Hat Sie denn dieser Beruf befriedigt?
Valentin: Nein! Er war mir zu stumpfsinnig. ***(sich beklagen)***
Beamter: Das kann ich mir vorstellen, und Sie wollen sich nun umstellen und einen anderen Beruf ergreifen.
Valentin: Jawohl, ich möchte Dompteur werden in einer Menagerie, also Menagerist, ich möchte mir selbst eine Menagerie gründen.
Beamter: Na hören Sie, das ist aber eine gewaltige Umstellung, vom Maschinist – zum Menagerist – wie stellen Sie sich das vor?

◥

Valentin: Ich habe mir die letzten Jahre etwas viel Geld erspart und will mir einen Elefanten kaufen, den ich zu dressieren beabsichtige.
Beamter: Einen Elefanten? Sie wollen also gleich groß anfangen. Ihnen ist scheint es das Sprichwort „Mit Kleinem fängt man an, mit Großem hört man auf" unbekannt.
Valentin: Ja, ja, ich will mir ja zwei Elefanten kaufen und züchten, damit ich kleine Elefanten bekomme.
Beamter: Warum wollen Sie denn ausgerechnet mit Elefanten beginnen? – Löwen und Tiger lassen sich doch auch dressieren.
Valentin: Die sind mir zu bös, die beißen, aber Elefanten beißen nicht, trotz ihrer großen Zähne.

Beamter: Für was hat der Elefant dann Zähne, wenn er damit nicht beißt?

Valentin: Das ist ein Verhängnis der Natur, genau wie bei uns Menschen, wir haben auch Zähne zum Beißen, aber zurzeit haben wir eben nicht viel zu beißen.

Beamter: Bis heute ist es der Wissenschaft noch nicht gelungen, den Zweck der Elefantenzähne zu erforschen.

Valentin: Für die Elefanten haben die Zähne gar keinen Wert, weil sich die Zähne außerhalb des Maules befinden, das kommt beim Menschen auch oft vor, aber nur dann, wenn einer sein Gebiss zur Reparatur beim Zahntechniker hat.

Beamter: Doch, – einen Zweck, – fast zwei Zwecke haben die Elefantenzähne, erstens zur Verteidigung und zweitens werden aus dem Elfenbein Billardkugeln gefertigt.

Valentin: Stimmt – aber dass Gott den Elefanten diese großen Zähne nur deshalb wachsen ließ, dass wir Billardkugeln bekommen, ist nicht anzunehmen.

Beamter: Sie zeigen eigentlich in der Zoologie große Kenntnisse und ich verstehe nun Ihren Drang, Menageriebesitzer zu werden.

Valentin: Ja! – In der Zoologie bin ich auf der Höhe. ***(prahlen)***

Beamter: Davon bin ich überzeugt. – Vom Rüssel des Elefanten möchte ich von Ihnen auch noch eine Erklärung haben, und zwar wozu der Elefant so einen langen Rüssel hat. ***(sich informieren)***

Valentin: Sehr einfach, weil er keinen Hals hat, der Kopf des Elefanten befindet sich direkt am Rumpf, er könnte also niemals Nahrung zu sich nehmen, die vor ihm auf dem Boden liegt. ***(erklären)***

Beamter: Sehr interessant, nach meiner Ansicht müsste ein Elefant eigentlich einen zwei Meter langen Hals haben und vorne am Hals müsste der Kopf sein.

Valentin: Ja, ja, das ist ganz logisch gedacht, aber Sie müssen bedenken, dass der Kopf des Elefanten einige Zentner schwer ist.

Beamter: Dann müsste natürlich der Kopf ganz klein sein.

Valentin: Richtig! Aber wie komisch würde ein so großer Elefant mit einem kleinen Kopf aussehen, dann wäre ein Elefant kein Elefant mehr, sondern ein Giraffe.

Beamter: Ja – ja – der Giraffe, das ist doch das, was ich meine – langer Hals und kleiner Kopf.

Valentin: Stimmt – der Giraffe hat einen rüsselähnlichen Hals und der Elefant einen halsähnlichen Rüssel.

Beamter: Und wie ist die Funktion zwischen Rüssel und Hals?

Valentin: Der Elefant hängt zum Beispiel, wenn er Durst hat, seinen Rüssel ins Wasser und saugt wie eine Pumpe das Wasser in seinen Körper hinein – der Giraffe, wenn er Durst hat, säuft genau wie ein anderes Tier, nur muss er jedes Mal, wenn er das Maul voll hat, den Kopf mit dem langen Hals in die Höhe heben, damit das Wasser in den Körper hinunterrinnt.

Beamter: Das ist aber umständlich.

Valentin: Eigentlich schon, die Fische haben das viel einfacher, wenn die Durst haben, brauchen sie nur das Maul aufreißen.

Beamter: Sehr interessant, aber wir sind nun von unserem Thema Berufsberatung abgekommen und nachdem ich ersehen habe, dass Sie zu einem Menageriebesitzer wirklich Vorkenntnisse haben, wäre es von mir als Berufsberaterbeamter nicht am Platze, Sie von Ihrem neuen Berufsvorhaben abzubringen, nur dass Sie gleich mit einem Elefanten anfangen, das – ich erinnere mich, dass ich einmal auf einem Volksfest einen Flohzirkus gesehen habe –

Valentin: Ich verstehe, was Sie meinen, aber für so kleine Tiere habe ich zu schlechte Augen, – Elefanten sehe ich auch ohne Brille, und in einem Flohzirkus bestehen andere Schwierigkeiten – kommt während einer Vorstellung ein Floh aus und hüpft in den Zuschauerraum, ist der dressierte Floh für mich verloren – kommt mir ein Elefant aus, bekomme ich denselben auf alle Fälle wieder zurück.

Beamter: Na ja, das verstehe ich, es müssen ja auch nicht gerade dressierte Flöhe sein, soviel mir bekannt ist, kann man jedes Lebewesen dressieren.

Valentin: Das ist Unsinn! Haben Sie schon einmal dressierte Austern gesehen? Fast alle wilden Tiere kann man dressieren, mit Ausnahme des schwarzen Panters. ***(richtigstellen)***

Beamter: Um wieder auf die Elefanten zurückzukommen, wo wollen Sie denn diese großen Tiere unterbringen?

Valentin: Na ja, da wird sich schon irgendwo ein Plätzchen finden.

Beamter: Sie meinen in diesem Fall ein Riesenplätzchen.

Valentin: Ach Gott, ich stell die zwei Elefanten auf einen freien Platz und baue eine Holzhütte darüber, alles Weitere wird sich dann schon finden.

Beamter: Würden Sie dann dieses Menagerieunternehmen alleine führen?

Valentin: Nein, – ich würde mich um einen geschäftlichen Teilhaber umschauen, und wenn alles klappt, werde ich dann die ganze Welt bereisen.

Beamter: Oh Sie Glücklicher, – da beneide ich Sie.

Valentin: Wie meinen Sie das?

Beamter: Was habe ich dagegen für einen stumpfsinnigen Beruf – jahraus jahrein in diesem Bürokasten zu sitzen und Sie können dann die schöne große Welt genießen.

Valentin: ... wissen Sie was? ... hängen Sie Ihren Berufsberatungsberuf an den Nagel und wir zwei gründen zusammen eine Menagerie. ***(auffordern)***

Beamter: Einverstanden!! – Ich kündige am Ersten meine Stellung.

Valentin: Und ich bin stolz darauf, einen Berufsberatungsbeamten zu einem neuen Beruf beraten zu haben.

(Aus Karl Valentin, Sämtliche Werke in acht Bänden, Band 4. Dialoge, Piper Verlag, München 1996, S. 215–218)

Seite 23, Übung 4 siehe oben

Seite 24, Übung 5 Übersichtssatz 1 ist am gelungensten, da er alle geforderten Informationen enthält und zudem den Clou des Textes in einem Satz treffend zusammenfasst. Allerdings könnte die Bezeichnung „ein Ratsuchender" genauer gefüllt werden (vgl. Übersichtssatz 3).

Übung 6

- Übersichtssatz 1 ist bei der Benennung der Hauptperson etwas ungenau, erfüllt aber ansonsten alle Anforderungen.
- Übersichtssatz 2 ist sprachlich nicht gut (zu salopp formuliert).
- Übersichtssatz 3 ist nicht im Präsens geschrieben und unvollständig (nennt nur die Ausgangssituation, nicht aber den Ausgang des Sketsches).
- Übersichtssatz 4 ist eigentlich gut gelungen, an einer Stelle jedoch sachlich nicht richtig. Valentin will nicht Löwen-, sondern Elefantendompteur werden.

Übung 7 Lösung im Text S. 8 ff. integriert.

Übung 8 In Karl Valentins Sketsch „In der Berufsberatungsstelle" trägt ein Ratsuchender, in der Uraufführung von Valentin gespielt, seine verrückte Geschäftsidee so vor, dass der Beamte schließlich selbst sein Teilhaber wird.

Zunächst erklärt der Ratsuchende, dass er zuvor in einer Bäckerei eine Semmelbröselreibmaschine bedient habe, ihm dieser Beruf jedoch zu stumpfsinnig geworden sei und er nun mit seinem gesparten Geld Elefanten kaufen wolle, die er zu dressieren beabsichtige. Der Berufsberater ist zunächst skeptisch, befragt Valentin eingehend und erkundigt sich nach seinem Wissen über Elefanten. Dieser kann alle Fragen beantworten und überzeugt durch sein vermeintliches Fachwissen. Der Beamte ist noch nicht vollends überzeugt davon, dass mit der kostspieligen und aufwändigen Elefantendressur Gewinn zu machen sei und rät Valentin, mit kleineren Tieren, beispielsweise Flöhen, zu beginnen. Valentin weist diesen Vorschlag jedoch zurück und stellt weitere konkrete Pläne zur Realisierung seines Traumes vor. Er ist davon begeistert, beklagt jedoch, dass ihm noch ein Teilhaber fehle. So macht er dem Beamten ein Angebot. Von der Idee, endlich reisen und dem tristen Büroalltag entkommen zu können, angetan, geht dieser auf Valentins Vorschlag ein und ist bereit, seine Stelle zu kündigen. Valentin freut sich, ausgerechnet einem Berufsberater zu einem neuen Beruf verholfen zu haben.

Mit Sachtexten arbeiten

Seite 26, Übung 2/3

Stoßzähne des Elefanten	Rüssel des Elefanten
Was? – sind umgewandelte Schneidezähne des Oberkiefers	**Was?** – ist entstanden aus Oberlippe und Nase und besteht aus vielen Muskeln
Dienen wozu? – als Brechstange und Hebel – zum Abschälen von Rinde – zum Graben – als Statussymbol beim Bullen **Wozu dienen sie nicht?** – dienen nur selten zur Verteidigung	**Dient wozu?** – zum Tasten – zum Riechen und Atmen – als Hilfe bei Nahrungs- und Flüssigkeitsaufnahme – als Saugpumpe **Wozu dient er nicht?** – zum Trinken

Übung 4 Lösungsvorschlag

„Hier irrt Valentin"

In unserem Sketsch stellt sich Valentin als wahrer Elefantenexperte vor, jedoch sind ihm einige sachliche Fehler unterlaufen. So sind die Stoßzähne nicht, wie von Valentin behauptet wird, unnötiges Beiwerk. Sie dienen vielmehr den Tieren als nützliches Werkzeug beim Graben, zum Abschälen von Baumrinde und auch als Brechstange. Für den Elefantenbullen sind sie sogar eine Art Statussymbol und nur selten kämpfen die Dickhäuter mit ihren Stoßzähnen.

Auch der Rüssel fungiert nicht als überdimensionaler Strohhalm, sondern dient lediglich am Wasserloch als Saugpumpe, um dem Maul Flüssigkeit zuzuführen. Der Elefant greift, riecht und atmet mit seinem Rüssel, der aus Oberlippe und Nase entstanden ist, und genau wie wir Menschen würde sich das große Tier verschlucken, wenn Wasser in seine Luftröhre käme.

Eine Person beschreiben und charakterisieren

Seite 28, Übung 1

Figur: dünn, drahtig, dürr, schlaksig, mager, schmächtig, hager
Größe: verhältnismäßig/überdurchschnittlich groß
Kopfform: oval
Haare: kurz, dunkel, glatt, dichtes Haar, gerader Haarschnitt, z. T. Koteletten
Augen: dunkle, kleine Knopfaugen; stechender, starrer Blick
Nase: überaus lang, wirkt übertrieben und unecht, große Nasenflügel
Mund: schmal, traurig

Kleidung: häufig dunkle Kleidung, betont seine sehr schlanke Figur, oft mit Hut und großen Schuhen
Weitere besondere Kennzeichen: spindeldürre Finger, abstehende Ohren, etwas vorstehendes Kinn, ausgeprägte Wangenknochen

Übung 2 Lösungsvorschlag: **Personenbeschreibung**
Karl Valentin ist eine lustige Erscheinung, was zweifelsohne vor allem an seiner schlaksigen und dürren Figur liegt. Auch die überdurchschnittliche Körpergröße kennzeichnet den Komiker.
In dem ovalen Gesicht mit den vielen Lachfältchen um den schmalen Mund und den kleinen, dunklen und etwas hervorstehenden Augen fällt dem Betrachter die riesige, unecht wirkende Nase auf. Weitere Gesichtsmerkmale sind das vorstehende Kinn, die abstehenden Ohren und die dunklen, kurzen, aber vollen Haare, die oft von einem Hut bedeckt werden.
Die hängenden Schultern und langen Arme sowie die spindeldürren Finger unterstreichen das skurrile Erscheinungsbild Valentins.
Sein Oberkörper ist schmächtig, die ungelenken Beine gleichen Stelzen und die Füße stecken in überdimensional großen Schuhen.
Valentins Figur wird durch seine dunkle, eng anliegende und auffallende Kleidung betont.
Der Komiker und Schauspieler hat sich somit sein auffallendes Äußeres geschickt zunutze gemacht, um die Zuschauer zum Lachen zu bringen.

Seite 29, Übung 3 Textstellen, die Aufschluss über den Charakter geben, siehe Markierungen oben im Originaltext, S. 8 ff. der Lösungen.

Übung 4 Mögliche Regieanweisungen zur Charakterisierung Valentins:
Z. 14: Valentin *(resigniert, schüttelt den Kopf)*: Nein! Er war mir zu stumpfsinnig.
Z. 17: Valentin *(nickend, selbstbewusst, überzeugt)*: Jawohl, ich möchte Dompteur werden in einer Menagerie ...
Z. 26: Valentin *(zustimmend, euphorisch, entschlossen)*: Ja, ja, ich will mir ja zwei Elefanten kaufen und züchten, ...
Z. 30: Valentin *(ernst, etwas zaghaft)*: Die sind mir zu bös, die beißen, ...
Z. 48: Valentin *(selbstsicher, stolz)*: Ja! – In der Zoologie bin ich auf der Höhe.
Z. 89: Valentin *(kritisch, entschieden, empört, entrüstet)*: Das ist Unsinn! Haben Sie schon einmal dressierte Austern gesehen?
Z. 95 f.: Valentin *(unbekümmert, zuversichtlich)*: Ach Gott, ich stell die zwei Elefanten auf einen freien Platz und baue eine Holzhütte darüber, alles weitere wird sich dann schon finden.
Z. 105 f.: Valentin *(euphorisch, energiegeladen, mitreißend)*: – wissen Sie was – hängen Sie Ihren Berufsberatungsberuf an den Nagel und wir zwei gründen zusammen eine Menagerie.
Z. 108 f.: Valentin *(zufrieden, selbstbewusst, überzeugt)*: Und ich bin stolz darauf, einen Berufsberatungsbeamten zu einem neuen Beruf beraten zu haben.

Übung 5 Lösungsvorschlag: **Charakterisierung**
In dem Sketsch spielt Valentin einen engagierten und selbstbewussten Mann, der sich zwar in einer Berufsberatungsstelle informieren möchte, im Grunde genommen aber von seinem Vorhaben bereits überzeugt ist. Er lehnt seinen Beruf als Maschinist entschieden ab und schmiedet neue Pläne.
Euphorisch und mitreißend legt er seine Ideen dar. Kritischen Bemerkungen und Einwänden begegnet er mit Entschiedenheit, teilweise sogar mit Empörung. Auch ein Stück Naivität kennzeichnet seine Äußerungen. Trotz allem wirkt er sympathisch, denn seine Argumente sind größtenteils nachvollziehbar und zudem recht amüsant.
Er verblüfft nicht nur den zuständigen Beamten, sondern auch die Zuschauer durch sein vermeintliches Fachwissen und zieht mit der ungewöhnlichen Geschäftsidee und seinem überzeugenden Auftreten alle in seinen Bann.

Ein Bild beschreiben

Seite 30, Übung 1/2

- [x] Schreibtisch
- [x] Bürosessel
- [ ] Pinnwand
- [ ] Notizzettel an Pinnwand
- [ ] Schlüssel an Pinnwand
- [ ] Kalender
- [ ] Uhr
- [ ] Tür
- [ ] Pflanze
- [x] Aktenschrank
- [ ] Schreibtischlampe
- [ ] Sideboard/Regal
- [ ] Stifthalter auf Regal
- [x] Aktenordner

Seite 31, Übung 3

Gut beraten!

Karl Valentins Sketsch „In der Berufsberatungsstelle" auf der Schulbühne

Der Vorhang hebt sich und dem Zuschauer eröffnet sich der Blick in ein Büro, das einen unpersönlichen und seriösen Eindruck macht.

Die Bühnenmitte wird durch einen großen Schreibtisch dominiert. Dessen Arbeitsfläche ist aufgeräumt und außerdem ist eine kleine Schreibtischlampe darauf zu sehen. Auf dem hüfthohen Regal, das hinter dem Schreibtisch steht, erkennt der Betrachter einen Stifthalter. Weitere Einrichtungsgegenstände zeugen von Betriebsamkeit und Arbeit. An einer Pinnwand hängen Notizzettel und ein Schlüssel, links daneben befindet sich ein Kalender, der den 1. Mai anzeigt.

In einem Aktenschrank im rechten Bühnendrittel stehen einige Ordner.

Dort hat auch eine etwas verkümmerte Pflanze mit farnähnlichen Blättern ihren Platz.

Über der Tür am linken Bühnenrand hängt eine große Uhr, deren Ticken man allein schon beim Betrachten zu vernehmen meint. Ein Bürodrehstuhl hinter dem Schreibtisch und ein weiterer im Vordergrund vervollständigen das Büroambiente.

Im Ganzen wirkt das Bühnenbild sachlich-nüchtern. Angesichts dieser wenig einladenden Atmosphäre wird der Entschluss des Beamten, seinen Job zu wechseln, plausibel.

Argumentieren

Seite 32, Übung 1a/b

Die Stellungnahmen von Sarah und Julia sind nicht überzeugend, weil sie keine Argumente enthalten bzw. unsachlich sind.

Die Stellungnahmen von Rebecca und Sven können dagegen überzeugen, denn die jeweilige Position wird klar benannt und Argumente werden angeführt.

Seite 33, Übung 2a

Rebeccas Stellungnahme:

<u>These:</u> Theaterspielen in der Schule ist wichtig.

<u>Argumente:</u>

- Zugewinn für die eigene Persönlichkeit
- Begegnung mit Literatur

<u>Beispiele:</u>

- Man hat keine Probleme mehr damit, vor anderen Leuten zu sprechen.
- Stücke, die im Deutschunterricht langweilig sind, können auf der Bühne ganz anders wirken.

Svens Stellungnahme:
These: Theaterspielen in der Schule sollte freiwillig sein.
Argument: Manchen Menschen liegt Theaterspielen nicht.
Beispiel: Eigene Erfahrung im Deutschunterricht

Übung 2b

Rebeccas Stellungnahme:
Theaterspielen in der Schule halte ich für ganz wichtig. Ich war selbst eine Zeit lang Mitglied in der Theater-AG und habe so gemerkt, dass das unheimlich viel für meine Persönlichkeit gebracht hat. Zum Beispiel habe ich jetzt kein Problem mehr damit, vor anderen Leuten zu sprechen. Außerdem begegnet man Literatur noch einmal auf eine ganz andere Art und Weise; Stücke sind nämlich dafür geschrieben, dass sie aufgeführt und nicht bloß gelesen werden. Wenn ihr ein Drama im Deutschunterricht langweilig findet, dann kann das daran liegen, dass ihr es noch nie auf der Bühne gesehen habt.

Svens Stellungnahme:
Ich bin der Meinung, dass diejenigen, die Theater spielen möchten, das gerne in der Theater-AG tun dürfen, alle anderen sollten aber nicht dazu gezwungen werden. Denn manche Menschen sind einfach nicht dafür geschaffen, sich vor anderen so auszuleben, und das sollte man respektieren. Wenn unsere Deutschlehrerin beispielsweise mal wieder etwas nachstellen und spielen lassen will, bekomme ich jedes Mal eine Krise. Ich habe mich ja bemüht, aber ich bin einfach unbegabt, so dass ich mich immer wieder vor den anderen lächerlich mache.

Übung 3

Individuelle Lösung

Seite 34, Übung 4

Ergänzungsvorschläge:
- zu „Einbezug verschiedener Fächer“: Deutsch (Stückauswahl, freies Sprechen); Kunst (außer Bühnenbild auch: Requisiten, Kostüme)
- zu „Zusammenhalt“: neue Freunde finden, sich gegenseitig unterstützen, im Team arbeiten
- zu „Lernen“: Interpretation von Texten, Kenntnisse über die Theaterwelt, Darstellungsmöglichkeiten
- Persönlichkeitsentwicklung: Selbstbewusstsein, Ausdrucksfähigkeit
- Durchhaltevermögen
- Erfolgserlebnisse

Seite 35, Übung 5a–c

Eine mögliche Variante wäre:

These: Theater in der Schule ist wichtig!		
Argument		**Beispiel**
1.	Verschiedene Fächer werden einbezogen.	Im Kunstunterricht wird das Bühnenbild hergestellt.
2.	Man lernt etwas dabei.	Dass man durch das Theaterspielen im Auswendiglernen von Texten geübt ist, hilft auch bei der Vorbereitung auf die Bio-Arbeit.
3.	Zusammenhalt entsteht.	Beim gemeinsamen Einstudieren der Rollen ist niemand neidisch oder missgünstig, sondern man hilft sich gegenseitig, denn es geht ja um das gemeinsame Produkt.
4.	Man hat Spaß.	Bei den Proben gibt es immer viele lustige Zwischenfälle, wie z. B. Versprecher oder verpasste Einsätze.
5.	Man entwickelt sich selbst weiter.	Durch das Auftreten vor Publikum wird man selbstbewusster.

Übung 6a Eine Möglichkeit, viele weitere sind denkbar:
- zunächst
- der zweite Grund
- anzuführen ist außerdem
- noch mehr fällt ins Gewicht
- der wichtigste Punkt ist jedoch

Seite 36, Übung 6b Individuelle Lösung, abhängig von Übung 5

Seite 36, Übung 7 Eine mögliche Lösung:
Was mich am meisten am Theaterspielen beeindruckt, ist die Erfahrung, dass das Leben dadurch interessanter und abwechslungsreicher wird. Man konsumiert nicht nur passiv und ist in der Beobachterrolle, sondern ist selbst am Geschehen beteiligt. Beim Theaterspielen sind Leute, die bloß kommentieren, aber selbst nichts aktiv tun, fehl am Platz. Es kommt stattdessen darauf an, sich einzubringen und am Projekt zu arbeiten. Spaß macht das deshalb, weil man sieht, wie die eigenen Ideen umgesetzt werden, und weil man merkt, dass es immer um einen selbst geht. Seit ich zum Beispiel Mitglied der Theater-AG bin und dort die ein oder andere kleine Rolle übernehme, bin ich in meiner Freizeit viel aktiver, während ich vorher die Zeit oft nur vor dem Fernseher verbracht habe.

Seite 38, Übung 8 Eine mögliche Lösung:
„Ich liebe es, Theater zu spielen, das ist meine Welt." – Dieser Gedanke ging mir als Erstes durch den Kopf, als ich mich fragte, was Theater mir bedeutet. Ich weiß natürlich, dass nicht alle so begeistert vom Theater sind wie ich, trotzdem finde ich Theater und Theaterspielen in der Schule wichtig und möchte das im Folgenden begründen ...

Übung 9a Beispiel a) enthält eine persönliche Wertung, genauer einen Wunsch für die Zukunft.
Beispiel b) ist als Zusammenfassung der Argumentation zuvor angelegt.

Übung 9b Beispiel a) könnte überzeugender sein, weil es neue Aspekte einbringt.
Bei Beispiel b) besteht die Gefahr, dass die Zusammenfassung nicht gelingt, wenn z. B. die Argumente des Hauptteils noch einmal alle aufgezählt werden und es zu Wiederholungen kommt oder wenn im Schluss plötzlich ein ganz neues Argument aufgebracht wird.

Übung 10 Beispiele für Fortsetzungen:
a) Wünschenswert für die Zukunft wäre es, wenn Theaterprojekte an Schulen mehr Unterstützung fänden, im Rahmen von Arbeitsgemeinschaften, an Projekttagen oder im normalen Unterricht. Damit das gelingen kann, muss die Schulleitung so etwas fördern, müssen die Lehrer das anbieten, aber es müssen auch die Schüler Initiative zeigen und sich beteiligen.
b) Zusammenfassend lässt sich sagen, dass Theater in der Schule eine gute Sache ist, weil es wie kaum etwas anderes eine Menge positiver Begleiterscheinungen hat. Sowohl für das Schulleben als auch für die einzelnen Schüler stellt das Theater eine Bereicherung dar.

Übung 11–13 Individuelle Lösungen

Gestaltend Interpretieren

Seite 41, Übung 1a–c

Übung 2a

Die Frau	Der Mann
neugierig, sensationshungrig, isoliert, einsam, unsicher, fantasielos, hat Vorurteile	mag Kinder, kontaktfreudig, fröhlich, fantasievoll, kreativ

Übung 2b Die Frau glaubt, der Mann kommuniziere mit ihr. Als dieser einen Kopfstand macht, ruft sie die Polizei. Sie reagiert unangemessen, weil sie so auf das Spiel und die Freude des Mannes mit der Alarmierung der staatlichen Gewalt antwortet.
Ein Grund für das Verhalten der Frau könnte sein, dass sie Angst bekommt, als der Mann mit seinem Kopfstand zu sehr aus dem üblichen bzw. von ihr erwarteten Verhaltensmuster fällt.

Seite 42, Übung 3 Der Titel „Das Fenster-Theater" erklärt sich dadurch, dass das Geschehen Elemente des Theaters aufgreift: Die Wohnung bzw. die Fenster des Mannes kann man als Bühne betrachten, der Mann selbst ist der Schauspieler, der seinen Zuschauern – dem Jungen und nebenbei auch der Frau – etwas vorführt. Dabei verharrt der Junge nicht in der Rolle des passiven Zuschauers, sondern ahmt die Gesten des Mannes nach und wird quasi selbst zum zweiten Schauspieler (er wirft das Lachen den Wachleuten ins Gesicht), während die Frau ihre Zuschauerposition durchbricht, indem sie eingreift, die Polizei holt und „die Bühne" stürmt.

Übung 4a Mögliche Leerstellen:

- Zeile 1 ff.: Gedanken der Frau ausführen, als sie am Anfang aus dem Fenster blickt (innerer Monolog)
- Zeile 25 ff.: Gedanken der Frau ausführen, als sie dem Mann zuschaut (innerer Monolog)
- Zeile 36: Telefonat der Frau mit der Polizei gestalten (Dialog)
- Zeile 37 ff.: Gedanken der Frau ausführen, als sie auf die Polizei wartet (innerer Monolog)
- Zeile 45 ff.: Gedanken eines Polizisten ausführen (innerer Monolog)
- Zeile 62 ff.: Gedanken der Frau ausführen, als sie den Jungen entdeckt (innerer Monolog)
- Gespräch eines Polizisten mit dem Mann (Dialog)
- Gespräch eines Polizisten mit der Frau (Dialog)

Übung 4b Individuelle Lösung

Übung 5a Es passt zum Originaltext, dass in dem Schülerbeispiel das Gespräch nicht von der Frau, sondern von dem Mann ausgeht und die Frau am Anfang eigentlich ausweichen möchte. Auch im weiteren Verlauf des Gesprächs bleibt die Frau eher zurückhaltend, ihr Verhalten von damals ist ihr im Nachhinein peinlich, weil sie erkennen muss, dass sie einen „Falschalarm“, wie der Mann es nennt, ausgelöst hat. Die Begründung, die sie für das Einschalten der Polizei gibt, ist passend: Es ist denkbar, dass die Frau ihr Verhalten damit zu rechtfertigen versucht, dass sie anführt, sie habe ihrem Nachbarn nur helfen wollen. Andererseits wird aber auch ihre eigene Perspektive und ihr Unverständnis für das Spiel des Mannes deutlich: „Es sah ja schon komisch aus ...“ (Z. 7 f.).

Übung 5b Individuelle Lösung

Die Welt der Mayas – Indirekte Rede und Adverbialsätze für Fortgeschrittene

Das Verb im Blick

Seite 44, Übung 1 Individuelle Lösung

Übung 2 Präsens
Perfekt
Präteritum
Plusquamperfekt
Futur I

Die Mayas sind ein mittelamerikanisches Volk, das besonders aufgrund seiner hoch entwickelten Kultur bekannt ist.
Hinter dieser Kultur standen verschiedene Völker mit einander mehr oder weniger eng verwandten Maya-Sprachen. Traditionell unterschied man zwischen Hochland- (in Chiapas und Guatemala) und Tieflandmayas (in Yucatán, im Petén und Belize).
Im Lauf der Geschichte verschoben sich die hochkulturellen Zentren vom Hochland ins Tiefland und dann in den Norden von Yucatán.
Nachdem die Spanier Ende des 15. Jahrhunderts angekommen waren, lagen die Zentren der nachklassischen Maya-Kultur im äußersten Norden von Yucatán, während das zentrale Tiefland nur noch vereinzelt besiedelt war. Im südwestlichen Hochland existierte zu diesem Zeitpunkt mit der Kultur der Quiché eine recht eigenständige Maya-Kultur.
Die Mayas sind heute noch berühmt für ihre Mathematik und für ihren hoch entwickelten, in Hieroglyphen geschriebenen Kalender. Der Anbau von Mais, die Entwicklung des sehr präzisen Maya-Kalenders und der Maya-Schrift sind weitere wichtige Errungenschaften. Diese Schrift, die bis heute weitgehend entziffert worden ist, stellt das höchstentwickelte Schriftmedium in Altamerika dar, obwohl sie auf Bildsymbolen basiert.
Auch Kunsthandwerk (Bearbeitung von Stein, Keramik, Holz, Textilien) und Malerei war von den Mayas hoch entwickelt worden, die Metallverarbeitung spielte allerdings nur für rituelle Zwecke eine Rolle. In den Städten gab es bis zu 65 m hohe Stufenpyramiden, Paläste, Observatorien und Ballspielplätze.

Im Gegensatz zu vielen anderen Völkern der Ureinwohner Mittelamerikas existieren die Mayas noch heute und leben auf der Yucatán-Halbinsel sowie in Belize, Guatemala und Honduras. In der nächsten Zeit wird aber auch dort wohl der Fortschritt die Tradition immer mehr verdrängen.

(Nach Wikipedia: http://de.wikipedia.org/wiki/Maya; Zugriff 28.02.07)

Übung 3 In diesem Lexikonartikel werden fast alle Tempora verwendet, weil dadurch alle verschiedenen Zeitstufen ausgedrückt werden. Der Leser erhält Informationen über die Geschichte der Mayas, die bis in die Gegenwart führen. Abschließend wird zudem eine Vermutung über die Zukunft dieses Stammes angestellt:

- Im **Präsens** stehen die Informationen, die sich auf die Gegenwart beziehen. (Z. B.: Auch heute noch stellt die Maya-Schrift das höchstentwickelte Schriftmedium dar.)
- Was vorzeitig dazu war, steht im Perfekt. (Diese Schrift ist entziffert worden).
- Informationen aus der Vergangenheit stehen im Präteritum. (Z. B.: Die Zentren der Kultur lagen im Norden).
- Ereignisse, die dazu vorzeitig sind, werden mit dem Plusquamperfekt ausgedrückt. (Z. B.: Nachdem die Spanier angekommen waren ...).
- Was Zukünftiges ausdrückt, steht im Futur I. (Z. B.: Der Fortschritt wird wohl die Tradition immer mehr verdrängen.)

Seite 46, Übung 4 Richtig sind die Thesen B und C.

Übung 5

Präteritum ... Präteritum

Herr Groß: Das Volk der Mayas führte sehr häufig untereinander Kriege. Das war sicher der Grund für den Untergang der klassischen Maya-Kultur.

Präsens ... Präsens

Frau Heck: Das ist eine pazifistische Deutung, der ich mich nicht anschließen kann.

Präteritum

Schließlich schlossen sich Kultur und Krieg jahrhundertelang nicht aus.

Präsens

Herr Groß: Es gibt aber eine Reihe von Indizien, dass es in der Zeit des Niedergangs

Perfekt

der klassischen Zentren vermehrt zu Kriegshandlungen gekommen ist.

Präsens

Frau Heck: Das ist richtig. Nachdem sich allerdings die übrigen Gegebenheiten, wie

Plusquamperfekt Präteritum

zum Beispiel das Klima, geändert hatten, konnte auch das zum Untergang einer Kultur führen.

Präteritum

Herr Groß: Welche Funktion hatte denn dann Ihrer Meinung nach die Kriegsausübung bei den Mayas?

Präteritum

Frau Heck: Sie diente politischen, wirtschaftlichen und auch religiösen Zwecken:

Präteritum

Häufiges Ziel war die Kontrolle über konkurrierende Stadtstaaten. In anderen Worten:

Präteritum

Die Mayas führten Krieg nicht, um eine gegnerische Stadt zu zerstören, sondern um sie abhängig zu machen (Infinitv).

Perfekt

Herr Groß: Bei den Mayas hat es aber keine Soldaten im eigentlichen Sinn gegeben.

Präteritum

Wahrscheinlich ergänzten im Kriegsfall kurzfristig eingezogene Bauern

die wenigen militärischen Führer aus dem Adel. Bildliche Darstellungen
Präsens
zeigen uns nämlich sowohl einfach gekleidete Kämpfer als auch äußerst aufwändig kostümierte.

Präteritum
Frau Heck Aber in dieser Kostümierung war das Kämpfen äußerst schwierig. Aus
Präteritum
diesem Grund waren Form und Funktion des Kampfes bei den Mayas teilweise offenbar anders als bei vergleichbaren Völkern.

Präsens
Herr Groß Sie spielen mit Ihrer Bemerkung sicher auf die sogenannten Blitz-Kriege an, die die Mayas anscheinend in der Blütezeit der Maya-Kultur oft
Präteritum
austrugen.

Präteritum Präteritum
Frau Heck Richtig. Dabei entführte man zuerst den feindlichen König und opferte diesen, um im Anschluss die völlig verwirrten Bürger zu attackieren.

Präteritum Präsens
Herr Groß Ob sie nun der Grund für den Untergang waren oder nicht – wir sind uns sicher in dem Punkt einig, dass diese Kriege für beide Gegner stets sehr
Plusquamperfekt
verlustreich gewesen waren.

Präsens
Frau Heck Darin stimme ich Ihnen zu.

Seite 47, Übung 6

Frau Heck gibt die Thesen von Herrn Groß wieder:

Herr Groß stellte fest, das Volk der Mayas habe sehr häufig untereinander Kriege geführt. Das sei sicher der Grund für den Untergang der klassischen Maya-Kultur gewesen. Es gebe eine Reihe von Indizien, dass es in der Zeit des Niedergangs der klassischen Zentren vermehrt zu Kriegshandlungen gekommen sei. Er erklärte auch, es habe bei den Mayas keine Soldaten im eigentlichen Sinn gegeben. Wahrscheinlich hätten im Kriegsfall kurzfristig eingezogene Bauern die wenigen militärischen Führer aus dem Adel ergänzt. Bildliche Darstellungen würden uns nämlich sowohl einfach gekleidete Kämpfer als auch aufwändig kostümierte zeigen (Ersatzform für „zeigten“).

Herr Groß gibt die Thesen von Frau Heck wieder:

Frau Heck ist der Meinung, dies sei eine pazifistische Deutung von mir, der sie sich nicht anschließen könne. Schließlich hätten sich Kultur und Krieg jahrhundertelang nicht ausgeschlossen. Nachdem sich die übrigen Gegebenheiten, wie zum Beispiel das Klima, geändert hätten, habe auch das zum Untergang einer Kultur führen können.

Die Kriegsausübung habe politischen, wirtschaftlichen und auch religiösen Zwecken gedient: Häufiges Ziel sei die Kontrolle über konkurrierende Stadtstaaten gewesen. In anderen Worten: Die Mayas hätten Krieg nicht geführt, um eine gegnerische Stadt zu zerstören, sondern um sie abhängig zu machen. Auf den Einwand, dass man auf Abbildungen aber aufwändig kostümierte Kämpfer findet, erwiderte sie, in dieser Kostümierung sei das Kämpfen äußerst schwierig gewesen. Aus diesem Grund seien Form und Funktion des Kampfes bei den Mayas teilweise offenbar anders gewesen als bei vergleichbaren Völkern. In den sogenannten Blitz-Kriegen habe man zuerst den feindlichen König entführt und habe diesen geopfert, um im Anschluss die völlig verwirrten Bürger zu attackieren.

Umgang mit Modalverben und Modaladverbien

Seite 48, Übung 1

A) Rigoberta Menchú betont, ihre Lebensgeschichte solle Zeugnis vom Schicksal ihres Volkes ablegen.
B) Sie sagt, sie sehe sich als Sprecherin der Armen und Unterdrückten.
C) Sie erklärt, sie sehe den Nobelpreis als Tribut an die Indianervölker, die bei dem Kampf um ein würdevolleres und gerechteres Leben geopfert worden seien.
D) Sie wirft die Frage auf, welche weiteren großen wissenschaftlichen Entwicklungen diese Menschen erzielt haben könnten (bzw. hätten erzielen können), wenn sie nicht umgebracht worden wären.
E) Sie erinnert daran, dass es schon vor der sogenannten „Entdeckung" Amerikas dort bereits eine blühende Kultur gegeben habe.
F) Sie fordert, es müsse eine Umorganisation des Landbesitzes geben, damit es den rechtmäßigen Besitzern zurückgegeben werde.

Seite 49, Übung 2

Modalverben:
Ich heiße Rigoberta Menchú. Ich bin 23 Jahre alt, und meine Lebensgeschichte soll lebendiges Zeugnis ablegen vom Schicksal meines Volkes. Es ist keine Geschichte aus Büchern, sondern gemeinsam mit meinem Volk gelebte Geschichte [...] Durch meine Geschichte will ich versuchen, das Leben aller armen Menschen in Guatemala zu beschreiben [...]
Aus ihrer Rede zur Verleihung des Friedensnobelpreises:
Ich möchte ein paar Worte im Namen all derer sagen, deren Stimme man nicht hören kann oder die unterdrückt wurden, weil sie ihre Meinung geäußert haben, im Namen all derer, die an den Rand gedrängt, diskriminiert wurden, die in Armut leben, im Namen all derer, die Opfer von Unterdrückung und Menschenrechtsverletzungen sind. [...]
Ich möchte die Bedeutung dieses Nobelpreises in erster Linie beschreiben als ein Tribut an die Indianervölker, die geopfert wurden und verschwunden sind, weil sie nach einem würdevolleren und gerechteren Leben mit Brüderlichkeit und Verständigung zwischen den Menschen strebten [...].
Wer kann sagen, welch weitere große wissenschaftliche Entdeckungen und Entwicklungen diese Menschen erzielt haben könnten, wenn sie nicht mit Blut und Feuer überzogen und einem Ethnozid unterworfen worden wären, der im Lauf von 500 Jahren fast 50 Millionen Menschen betroffen hatte. [...]
Wir dürfen nicht vergessen, dass es – als die Europäer nach Amerika kamen – dort blühende und starke Kulturen gab. Man kann nicht von einer Entdeckung Amerikas sprechen, denn man entdeckt etwas, von dem man nicht wusste oder was versteckt war. [...]
In der neuen Gesellschaft Guatemalas muss es eine tiefgreifende Umorganisation geben hinsichtlich des Landbesitzes, um das landwirtschaftliche Potenzial ausschöpfen zu können und um den rechtmäßigen Besitzern das Land zurückzugeben, das ihnen weggenommen wurde [...].

(Aus: http://www.dadalos-d.org/deutsch/Vorbilder/vorbilder/rigoberta/rigoberta.htm; leicht verändert; Zugriff 28.02.07)

Übung 3a

Umformungsübung – Ersatz der Modalverben durch Vollverben:
Meine Lebensgeschichte legt lebendiges Zeugnis ab vom Schicksal meines Volkes.
Durch meine Geschichte versuche ich, das Leben aller armen Menschen in Guatemala zu beschreiben [...]
Ich sage ein paar Worte im Namen all derer, deren Stimme man nicht hört oder die unterdrückt wurden, weil sie ihre Meinung geäußert haben, [...].
Ich beschreibe die Bedeutung dieses Nobelpreises in erster Linie als ein Tribut an die Indianervölker, [...].

Seite 50, Übung 3b

Mögliche Hinzufügung von Modaladverbien:
Meine Lebensgeschichte soll unbedingt lebendiges Zeugnis ablegen vom Schicksal

meines Volkes. Durch meine Geschichte will ich jedenfalls versuchen, das Leben aller armen Menschen in Guatemala zu beschreiben [...]
Ich möchte gern ein paar Worte im Namen all derer sagen, deren Stimme man nicht hören kann oder die unterdrückt wurden, [...].
Ich möchte unbedingt die Bedeutung dieses Nobelpreises in erster Linie beschreiben als ein Tribut an die Indianervölker, [...].
Wer kann wohl sagen, welch weitere große wissenschaftliche Entdeckungen und Entwicklungen diese Menschen sicherlich erzielt haben könnten, wenn sie nicht mit Blut und Feuer überzogen und einem Ethnozid unterworfen worden wären, der im Lauf von 500 Jahren fast 50 Millionen Menschen betroffen hatte. [...]
Wir dürfen keinesfalls [nicht] vergessen, dass es – als die Europäer nach Amerika kamen – dort blühende und starke Kulturen gab. Man kann absolut nicht von einer Entdeckung Amerikas sprechen, denn man entdeckt etwas, von dem man nicht wusste oder was versteckt war. [...]
In der neuen Gesellschaft Guatemalas muss es dringend eine tiefgreifende Umorganisation geben hinsichtlich des Landbesitzes, um das landwirtschaftliche Potenzial gänzlich ausschöpfen zu können und um den rechtmäßigen Besitzern das Land zurückzugeben, das ihnen weggenommen wurde [...].

Übung 3c

- Der Ersatz der Modalverben durch Vollverben (Übung 3a) führt dazu, dass der Sachverhalt an manchen Stellen klarer benannt wird. Dies eignet sich somit, um Rigoberta Mencús Anliegen durchzusetzen.
  Z. B.: Ich möchte die Bedeutung dieses Nobelpreises in erster Linie beschreiben als ein Tribut an die Indianervölker. – Ich beschreibe die Bedeutung dieses Nobelpreises in erster Linie als ein Tribut an die Indianervölker.
- Das Hinzufügen von Modaladverbien (Übung 3b) führt dazu, dass der Text oftmals eindringlicher wirkt.
  Z. B.: In der neuen Gesellschaft Guatemalas muss es dringend eine tiefgreifende Umorganisation geben hinsichtlich des Landbesitzes.

Adverbialsätze im Blick

Seite 51, Übung 1

Adverbialsatz	Aussage über	Konjunktion
Temporalsatz	Zeitpunkt, Dauer	nachdem; als; während; wenn; sobald; bevor
Kausalsatz	Ursache, Grund	weil; da
Finalsatz	Absicht, Zweck	damit; dass
Konsekutivsatz	Folge	so dass; dass
Konditionalsatz	Bedingung, Voraussetzung	wenn; sofern; falls
Komparativsatz	Vergleich	als ob; wie; als
Lokalsatz	Ort, Richtung	wo; woher; wohin

Seite 52, Übung 2

Verschiedene Informationen sind möglich, z. B.:
- Die Mayas legten mit Kanälen Sumpfgebiete trocken und bauten dort Mais an.
- Sie hatten schon sehr früh einen genaueren Kalender als wir in Europa.
- Forscher können heute immer noch nicht alle Schriftzeichen der Mayas deuten.

Übung 3a/b

Konzessivsatz Obwohl um 1000 v. Chr. das südöstliche Tiefland Mexikos aus Sümpfen bestand,
Modalsatz wanderten die Mayas aus dem Hochland Guatemalas dorthin ein. Indem sie die
Sümpfe mit Kanälen trockenlegten, konnten sie Mais und andere Nutzpflanzen an-
Adversativsatz bauen. Während sie im Hochland oft an Trockenheit litten, hatten sie nun genügend
Wasser zur Verfügung. Im 7. Jahrhundert v. Chr. begannen sie, monumentale Pyrami-
Konsekutivsatz den, Paläste und Tempelanlagen aus Stein zu errichten, so dass Städte entstanden.
Modalsatz Dadurch dass sie mit den Olmeken und Zapoteken, die schon einige Jahrhunderte
vor den Mayas ihre Hochkultur in Mexiko entfalteten (*Attributsatz*), einen regen
Handel pflegten, lernten die Mayas von deren Schrift und Kalender. Die Mayas ent-
wickelten schließlich einen Kalender, der auf präzisen astronomischen Beobach-
tungen beruhte und dadurch auch den julianischen Kalender in Europa an Genauig-
keit übertraf. Der julianische Kalender musste 1582 um zehn Tage vorgestellt werden,
Kausalsatz da er gegenüber dem Sonnenjahr um 11 Minuten zu lang war, was damals zur Ein-
führung unseres heutigen gregorianischen Kalenders durch Papst Gregor XIII. führ-
te.

Unsere Kenntnisse über die Kultur der Mayas wären heute um ein Vielfaches geringer,
Konditionalsatz wenn diese nicht um 300 n. Chr. begonnen hätten, Steintafeln, sogenannte Stelen, zu
Adversativsatz errichten. Während die Forscher heute immer noch nicht alle der dort verwendeten
Schriftzeichen verstehen können, erfahren wir darauf doch einiges über die Leistun-
Konzessivsatz gen der Könige. Obgleich die Stelen schon sehr alt sind, blieben sie gut erhalten, da
Kausalsatz sie von der Vegetation des Regenwaldes schützend überwuchert wurden. In den In-
schriften ließen die Könige vor allem ihre Siege gegen andere Herrscher verewigen,
Konsekutivsatz so dass wir heute daraus schließen können, dass sich die Stadtstaaten der Mayas
Konditionalsatz praktisch ständig bekriegten (*Objektsatz*). Sofern man allerdings etwas über eine
Niederlage erfahren möchte, muss man bei den Stelen der entsprechenden Gegner
nachschauen.

Seite 53, Übung 4a

Die Schöpfung des Menschen in drei Versuchen:

1. Versuch
aus **Lehm** geformte Menschen
→ können sprechen, aber nur Worte ohne Sinn
↓
werden wieder von Göttern **zerstört**

2. Versuch
aus **Holz** geschnitzte Menschen
→ haben weder Gefühle noch Verstand
↓
werden wieder durch Flut von Göttern **zerstört**

3. Versuch (erfolgreich)
aus **Maismehl und Götterblut** geschaffene Menschen
→ wohlgeformte Menschen, die Spuren der Götter in sich tragen
↓
Mayas = Menschen aus **Mais**.
→ Mais = wichtigstes Nahrungsmittel in Mexiko
→ u. heilige Pflanze
→ viele Gottheiten stehen mit Mais in Verbindung

Übung 4b Die Anordnung als Treppe bietet sich an, da die Skizze eine Entwicklung in mehreren Stufen aufzeigt. Die Menschen aus Mais liegen dabei auf einer höheren Ebene als die beiden Vorstufen.

Seite 54, Übung 5a

(1) Da die Götter – gemäß den heiligen Schriften der Mayas – jemanden brauchten, der sie achtete und verehrte, erschufen sie die Menschen. Die ersten Menschen formten sie aus Lehm. (2) Obwohl diese sprechen konnten, ergaben ihre Worte keinen Sinn. Deshalb wurden sie wieder von den Göttern zerstört. Die zweiten Menschen erschufen die Götter, (3) indem sie diese aus Holz schnitzten. Doch diese Lebewesen hatten weder Gefühle noch Verstand. Die Götter sahen ihre Fehler ein und schickten eine große Flut, die nur wenige der Holzgeschöpfe überlebten und so zu den Vorfahren der Affen wurden. (4) Anstatt dass sie ihr Vorhaben ganz aufgaben, unternahmen die Götter einen letzten Versuch, einen Menschen zu schaffen. Sie vermischten Maismehl mit ihrem eigenen Blut, (5) so dass ein wohlgeformter Mensch entstand, der die leibhaftigen Spuren der Götter selbst in sich trug (Attributsatz).
(6) Weil dann die Indigenas (indianische Urbevölkerung) Mexikos vor ungefähr 6000 Jahren lernten, den Mais zu kultivieren, wurde es möglich, sesshaft zu werden und große Bevölkerungsansammlungen zu ernähren. Mais war und ist mit Abstand das wichtigste Nahrungsmittel der Mexikaner. Und so verwundert es nicht, dass viele Gottheiten Mexikos mit Mais in Verbindung gebracht wurden und Mais den Mayas als heilige Pflanze galt. Mexikanische Maisfladen, sogenannte Tortillas, gibt es heute auch in deutschen Supermärkten zu kaufen.

Übung 5b/c

2. Konzessivsatz: Dieser Adverbialsatz räumt hier ein, dass diese Menschen aus Lehm durchaus sprechen konnten. (Ihre Worte ergaben aber keinen Sinn.)
3. Modalsatz: Dieser Adverbialsatz gibt hier die Art und Weise an, wie die Menschen gemacht wurden, nämlich aus Holz geschnitzt.
4. Adversativsatz: Dieser Adverbialsatz zeigt einen Gegensatz an, hier die Erwartung der Leser, die zum tatsächlichen Handeln der Götter im Gegensatz steht: Man hätte erwarten können, dass die Götter nach zweimaligem Scheitern ihr Vorhaben aufgeben, doch im Gegensatz dazu unternahmen sie einen dritten Versuch.
5. Konsekutivsatz: Dieser Adverbialsatz drückt hier die Folgen der Vermischung von Götterblut und Maismehl aus: Ein wohlgeformter Mensch mit göttlichen Spuren entsteht.
6. Kausalsatz: Er gibt den Grund an, durch den das Sesshaft-Werden und die ausreichende Ernährung möglich wurden. Dieser Grund war, dass die Indigenas lernten, den Mais zu kultivieren.

Seite 55, Übung 6

b) Während es bei anderen Gebäuden keinen Keller gab, fand Lhuillier im Inschriftentempel unter einer großen Platte mit Löchern Treppen, die in die Tiefe führten. (Hinweis: Hier ist nicht das temporale „während" gemeint, sondern das adversative!)
c) Dadurch dass man im Mund der Verstorbenen bestimmte Grabbeigaben entdeckte, konnte auf den Glauben der Mayas an ein Leben nach dem Tod geschlossen werden.
d) Weil Jadeitmasken und andere Fundstücke aus Jadeit grün waren, galten sie als Zeichen der Fruchtbarkeit und des ewigen Lebens.
e) Den Fürsten wurden Schmuck und andere Herrscherinsignien mit ins Grab gelegt, damit ihre besondere Stellung auch im Totenreich garantiert war.
f) Obwohl die beigefügten Keramiken von hohem Wert waren, wurden sie durchbohrt.
g) Indem sie so rituell „getötet" wurden, betrachtete man sie als symbolisches Geschirr.
h) Schließlich wurden auch Diener, Frauen und Krieger geopfert und mit ins Grab gelegt, damit sie ihren Herren im Tod begleiteten.

Seite 56, Übung 7

b) Obwohl die Mayafürsten tief unterirdisch oder im Kern einer Tempelpyramide begraben wurden, konstruierte man ihnen gleichzeitig auch einen Zugang nach draußen. (adversativ)

c) Dadurch dass die meisten Grabkammern einen kleinen Schacht oder Kanal hatten, konnte die Seele durch diesen zum Himmel aufsteigen. (modal)

d) Die Gräber der einfachen Bevölkerung waren meist nur flache Eintiefungen im Boden, während die Fürsten und Könige in gut ausgebaute und bunt bemalte Grabkammern gelegt wurden. (adversativ)

e) Während die Mayas Ahnenbeschwörungen mit Schlangen durchführten, konnten die Seelen der Verstorbenen im Maul der sogenannten Visionsschlangen erscheinen. (temporal)

Seite 58, Übung 8a–c

(Hinweis: Die eingefügten Adverbialsätze sind unterstrichen.)
Das rituelle Ballspiel war wichtiger kultureller Bestandteil vieler Indianervölker in Mittelamerika. [3] Indem auch die Mayas dieses Ballspiel praktizierten, ehrten sie damit ihre Götter und Herrscher und trugen zur Unterhaltung der Herrscher und der Bevölkerung bei. Die Mayas nannten das Spiel „Pok Ta Pok". Dieser Name wurde vom Geräusch des Balles beim Schlagen abgeleitet. [4] Obwohl „Pok Ta Pok" eigentlich nur ein Spiel war, diente es auch zur Herbeiführung der Entscheidung in einem Krieg oder in religiösen Angelegenheiten. Jede Stadt besaß mindestens einen Ballspielplatz. Diese konnten von ganz unterschiedlicher Art und Größe sein. [1] Während auf einem kleinen Platz zwei bis vier Spieler spielten, konnten auf einem großen Platz bis zu zehn Personen pro Mannschaft spielen. Den Ball durch die kleine Öffnung eines Ringes zu schleudern, war das Ziel des Spiels. [8] Weil das Spiel insgesamt den täglichen und nächtlichen Gang von „Vater Sonne" durch Himmel und Unterwelt repräsentierte, symbolisierte der Ring den Himmel oder den Kosmos, [9] während der Ball die Sonnenscheibe und somit das Leben an sich bedeutete. Der Ball bestand entweder aus Gummi oder aus einem Totenschädel, der mit Leder bezogen war. [6] Dadurch dass „k'ik" das Wort für Gummi und für Blut war, stellte der Ball auch die Lebenskraft und das Blut der Ahnen dar, [5] so dass das Ballspiel als Mittler zwischen Leben und Tod galt. Es stand in engem Bezug zur Unterwelt. In früheren Zeiten waren die Spieler meist hochgestellte Persönlichkeiten, Fürsten und Priester, [2] während es in späteren Zeiten vor allem auch Kriegsgefangene waren. Das Ballspiel der Mayas diente nicht in erster Linie dem Spaß, vielmehr hatte es rituellen Charakter und war Teil ihres Opferkultes. Nach neuesten Erkenntnissen wurde wohl die ganze Siegermannschaft geopfert, [7] damit den Göttern Ehre erwiesen wurde und die Spieler selbst ins Reich der Götter gelangen konnten.

Seite 59, Übung 9

Der zusammenhängende Text könnte etwa so beginnen:
Obwohl die Städte der Mayas im Tiefland, wie etwa Tikal in Guatemala, Anfang des 9. Jahrhunderts n. Chr. in voller Blüte standen, wurden sie verlassen und in kurzer Zeit vom Urwald überwachsen. Warum die Mayas ihre blühenden Städte verließen und zerfallen ließen, ist den Maya-Forschern heute noch ein Rätsel. Es gibt verschiedene Erklärungshypothesen: Da im Gebiet der Tieflandmayas für das 8. Jahrhundert n. Chr. eine längere Trockenzeit nachgewiesen wurde, gehen die meisten Wissenschaftler von Ernteeinbußen und einer Hungersnot aus. ...

Übung 10

Unterschiedliche Überschriften sind möglich, z. B.:
- Das geheimnisvolle Ende einer Hochkultur
- Warum verließen die Mayas ihre blühenden Städte im Tiefland?
- Der Untergang der Tieflandmayas: – Die Forschung tappt im Dunkeln

Zu Tisch! – Schwierige Fälle der Rechtschreibung und Zeichensetzung

Bekannte Regeln wiederholen

Seite 61, Übung 1b Die Handschrift geht bis „... in ein Sauber schüssele" (Z. 7 in der gesetzten Fassung).

Übung 2 Übersetzungsvorschlag:
Quittenwaffeln ohne Backen und Waffeleisen
Zuerst nimmt man einige schöne reife Quitten, reibt diese mit einem Tuch ab, gibt sie in einen kleinen Topf und gießt Wasser darüber. Ganz langsam sieden lassen, bis sich die Haut abziehen lässt, denn wenn die Quitten zu schnell sieden, springen sie oft auf und werden wässrig. Nun wird die Schale sauber abgezogen und das Quittenmark mit einem guten Messer in eine saubere Schüssel geschabt. Dabei soll es keine Stückchen oder Klumpen geben. Hat man auf diese Weise etwa ein Viertelpfund Mark gewonnen, reibt man eine Zitrone auf einem feinen Zuckerhut ab, schabt das Abgeriebene mit einem Messer ab, dann zerstößt man den übrigen Zucker, der mit dem Abgeriebenen ein Viertelpfund ergeben soll. Dieses wird mit einem Esslöffel so unter das Quittenmark gerührt, dass überhaupt keine Klümpchen mehr darin sind. Ein Eigelb wird auch hineingerührt. Dann nimmt man Zinn- oder Porzellanteller, dreht diese um und fettet den Boden ein wenig mit Butter ein. Auf jeden Teller wird ein Löffel von der Masse gegossen und mit einem breiten Messer sehr dünn und gleichmäßig verstrichen. Die Teller werden an einen warmen Ofen gelehnt oder gelegt, so dass die Masse gut trocknet und sich leicht löst. Diese wird dann mithilfe eines Wallholzes mit Eiweiß zusammengeklebt und dann an einer kleinen Stange oder an einer Schnur beim Ofen zum Trocknen aufgehängt. Schließlich werden die Quittenwaffeln mit einer kleinen Schere ausgeschnitten, in eine Schachtel gelegt und im warmen Raum gelagert. Die Quittenwaffeln halten sich ein Vierteljahr und länger. Ein Viertelpfund gibt 10 bis 12 Stückchen, je nachdem ob die Teller groß oder klein sind.

Seite 62, Übung 3 Unter anderem sind folgende Regelverstöße aus moderner Sicht festzustellen. In den Klammern werden Beispiele in der korrekten Rechtschreibung genannt, dabei ist jedoch keinerlei Vollständigkeit angestrebt.
Elisabetha Dorothea Schiller verstößt gegen:

- ... die Kleinschreibung von Adjektiven (Z. 1 „schöne", Z. 17 „breiten"), Verben (Z. 4 „sieden", „springen"), Adverben (Z. 6 „herunter") und Indefinitpronomen (Z. 1 „etlich").
- ... die Großschreibung von Substantiven (Z. 3 „Wasser", Z. 13 „Löffel", Z. 19 „Ofen", Z. 21 „Stängle").
- ... die Substantivierung von Adjektiven (Z. 14 „das Gelbe").
- ... die Regeln der Zusammenschreibung (Z. 13 „untereinander", Z. 14 „hineingerührt", Z. 19 f. „abtrocknen")
- ... Regeln der Schärfung (Z. 3 „Wasser", Z. 3 „lass", Z. 6 „dass")
- ... die Unterscheidung von „das" (Artikel) und „dass" (Konjunktion) (Z. 14 „das Gelbe").
- ... die Zeichensetzung bei Aufzählungen (Z. 1 f. „reibt ab, tuts in ein Häfele, gießt Wasser darüber ...")
- ... die Zeichensetzung zwischen Haupt- und Nebensatz, vor allem vor der Konjunktion „dass" (Z. 11, 19).

Schwierige Fälle der Groß- und Kleinschreibung

Seite 63, Übung 1

Thailand: keine – rechten – linken – viele – großen – jeder
Afrika: zum Sattwerden – anderen
China: Essen – das Ablegen von Unverdaulichem – das Aufstoßen, Schmatzen, Schlürfen, Rauchen und Zähnesäubern – anderes – das Schnäuzen – beim Nachgießen – die anderen
Italien: beim Besuchen – einem – komplettes – klasse – beim Bezahlen – schuld (sein)
Frankreich: Kochen – Speisen – das Kochen – neue – zum Trinken – niemandem
Korea: beim Essen – Schlürfen – Schmatzen – Ältere – anderen – Alten

Seite 65, Übung 2

Individuelle Lösung

Übung 3a/b

Individuelle Lösungen.
Der mhd. Text lässt sich folgendermaßen übersetzen:

Iss still, schmatze nicht mit deiner Speise,
denn solches Tun führt dazu, dass Weise sich schämen müssen.
Beim Essen gib genau Acht,
dass dir zwei Dinge nicht passieren,
zum einen, dass du nicht alles bekleckerst,
zum anderen, dass dir keine Speise verlorengeht.
[...]
Und hüte dich vor der im bäuerlichen Stand üblichen Gewohnheit,
mit den Armen auf dem Tisch zu liegen.
Such nicht in jeder Hinsicht deinen Vorteil,
denn sonst sagt man schnell, du seist ein verfressener Hund.

Seite 66, Übung 4/5

Individuelle Lösung, z. B.: Über die Kunst der guten Unterhaltung
Zeile 1–3: Die Sache klingt so einfach und ist so schwierig. Das Einfache besteht darin, dass man sich eben miteinander unterhält, das Traurige und Schwierige aber ist, dass die meisten keine Ahnung haben, worüber sie sich unterhalten sollen.

Zeile 4–7: Ich kann doch nicht fragen, ob meine Dame Schlittschuh läuft oder ob sie in diesem Winter schon viel getanzt hat, ob sie gestern Abend im Theater war oder ob sie morgen vielleicht hingehen wird?

Zeile 14–17: So sitzen sie stumm wie zwei Ölgötzen nebeneinander und finden sich gegenseitig entsetzlich fad und langweilig: der eine, weil ihm trotz allen Denkens und Grübelns nichts Geistreiches einfällt, die andere, weil sie sich als Dame nicht getraut, die Unterhaltung zu beginnen.

Zeile 28–31: Können Sie plaudern? [...] Das Buch bietet selbst dem Kavalier aus gutem Hause etwas Neues."

(Nach: Spemanns goldenes Buch der Sitte. Gutes Benehmen: Anstandsbücher, S. 215, bearbeitet von Wolf Graf von Baudissin, Stuttgart 1913 © Franckh-Kosmos Verlags-GmbH & Co. KG)

Fremdwörter

Seite 67, Übung 1

Auffällige Fremdwörter (Reihenfolge wie im Text):
Tischzeremoniell – Tischmanieren – Barock – Repräsentation – Tischdekorationen – Service – Porzellan – Luxus – kultiviert – raffiniert – Pastete – exotisch – Konfekt – plastisch

Seite 68, Übung 2

- barock – Wie lautet die Übersetzung des portugiesischen Ursprungswortes, von dem die Bezeichnung „barock" stammt? → Übersetzt heißt „barock" schief, unregelmäßig.

- Kultur – Welche Bedeutung des Wortes ist in der Überschrift des vorliegenden Text gemeint? → (Tisch-)Kultur meint hier feine Lebensart.
- kulinarisch – Aus welcher Sprache stammt dieser Begriff ursprünglich? → Latein
- kompliziert – Nenne drei Synonyme, d. h. Wörter mit gleicher bzw. sehr ähnlicher Bedeutung. → schwierig, verwickelt, umständlich
- Zeremoniell – Nenne den Plural des Wortes. → die Zeremonielle
- servieren – Finde heraus, in welchen Lebensbereichen man den Begriff „servieren" verwendet. → bei Tisch; im Sport; in der Umgangssprache
- Manieren – Finde das dazugehörige Adjektiv. → manierlich

Übung 3 Individuelle Lösung

Seite 69, Übung 4 Individuelle Lösung

Übung 5a

englisch	französisch	lateinisch	griechisch
Rockstars Groupies Whiskey Junk Food Fans Crew Band	Tournee Menü	Hoteldirektion extravagant Realität International spontan flexibel Qualität absolut akzeptieren	

Übung 5b Individuelle Lösung

Übung 6 Individuelle Lösung

Übung 7 Die richtige Reihenfolge der Fremdwörter lautet:
- Chauffeur
- Chef-Fahrer
- Company
- City
- Castle
- Tennis-Court
- Chaiselongue
- Champagner
- Connaisseur
- Charity-Veranstaltungen
- Crème
- Charme
- Chose
- Clou
- Camping
- capito

Seite 70, Übung 8a Die Erklärungen zu den übrigen Fremdwörtern lauten:
- Oblate → (offerre, „anbieten")
- Spektakel → (spectare, „anschauen")
- Exkursion → (excurrere, „hinauslaufen")
- Libero → (liber, „frei")
- Orientierung → (oriens, wörtlich: den „Osten" suchen)

Übung 8b Individuelle Lösung

Getrennt- und Zusammenschreibung

Seite 71, Übung 1/2

Hatte man nachmittags Unterricht, so musste man häufig mit einem kalten Mittagessen vorliebnehmen (Partikel + Verb, Partikel trägt Hauptakzent der Bedeutung, also: zusammen). Es war klar, dass dies den Schülern auf Dauer nicht guttat (Adjektiv + Verb, neue Gesamtbedeutung, also: zusammen). Auch die Eltern wollten sich mit der Situation nicht zufriedengeben (Adjektiv + Verb, neue Gesamtbedeutung, also: zusammen). Deshalb nahm die Direktion Kontakt zu einem Restaurant auf, dass sich bereitfand (Adjektiv + Verb, neue Gesamtbedeutung, also: zusammen), ein günstiges, gesundes und geschmackvolles Mittagsmenü in die Schule zu liefern. Bei so einem Angebot sollte es nicht schwerfallen (Adjektiv + Verb, neue Gesamtbedeutung, also: zusammen) auf Döner & Co zu verzichten. Und tatsächlich, viele Schüler wollen nun am gemeinsamen Mittagessen in der Schule teilhaben (Substantiv + Verb, verblasstes Substantiv, also: zusammen). Wir hoffen nur, dass sich in Zukunft auch die Lehrer einmal blickenlassen (Verb + Verb, Verbindung mit lassen, also: getrennt und zusammen ist möglich, hier muss jedoch eher von einer übertragenen Bedeutung ausgegangen werden, also: zusammen).

Seite 72, Übung 3

Individuelle Lösung

Übung 4

1. stummschalten
2. zurücklassen, darüber stolpert
3. vorwärtsdrängen, Rücksicht nehmen, stattgeben, vorlassen
4. Bescheid sagen, übrig bleiben
5. glattgehen, vorhanden sein, Schuld geben
6. bleibenlassen, sitzen bleiben, alleine sitzen
7. stehen bleiben, zurückbringen

Schwierige Fälle der Zeichensetzung

Seite 73, Übung 1/2

Gutes Benehmen beim Kino- und Theaterbesuch

Bei einem Kino- oder Theaterbesuch achte man darauf, rechtzeitig zu kommen und sich so frühzeitig an seinen Platz zu begeben, dass alle anderen in der Sitzreihe nicht noch einmal aufstehen müssen. Dies ist vor allem dann zu beachten, wenn man in der Mitte sitzt. Wenn es doch einmal passiert, gilt die Regel, so durch die Reihen zu gehen, dass man den bereits Sitzenden nicht den Rücken zuwendet. Es empfiehlt sich, ihnen das Gesicht zuzuwenden und mit freundlichem Lächeln „Entschuldigung" und „Danke" zu sagen.

Wer schon auf seinem Platz sitzt, wenn noch ein Nachzügler kommt, mag zwar genervt sein, weil es für ihn bedeutet, wieder aufstehen zu müssen. Es zeugt jedoch nicht von gutem Benehmen, eine Grimasse zu ziehen und Sätze zu murmeln wie „Jetzt kommt noch einer! Wie oft geht das denn noch?". Gutes Benehmen zeigt sich darin, freundlich aufzustehen und den anderen mit einem Lächeln vorbeizulassen. Gerade in älteren Kinos und Theatern sind die Sitzreihen nämlich oft zu eng, um ohne Behinderung anderer durchzugehen. Da macht es das Durchkommen leichter, wenn man nicht stur sitzen bleibt.

Während im Theater das Verbot gilt, Speisen oder Getränke zu sich zu nehmen, gehört zu einem richtigen Kinobesuch natürlich Popcorn. Dies wird erst dann zum Problem, wenn man die Leckereien laut raschelnd oder schmatzend verzehrt. Es ist unerhört, danach mit Papieren, Tüten und Bechern um sich zu werfen. Auch im Kino verlässt man seinen Platz nicht, ohne seinen Abfall mitzunehmen und diesen in die dafür vorgesehenen Behälter zu werfen. Dies gilt übrigens auch für Kaugummis: Man klebt sie nicht unter den Sitz.

(Nach: Franziska von Au. Knigge für Kinder – Gute Umgangsformen von klein auf. Urania-Verlag, Stuttgart 2005).

Seite 74, Übung 3a/b

Als Übernachtungsgast bei Freunden und Familien

Wenn man einige Tage bei Freunden oder Verwandten zu Gast ist, (Regel 6) passt man sich den Regeln an, (Regel 6) die in der Gastgeberfamilie gelten.

- Man schläft nicht bis in den späten Vormittag, (Regel 6) wenn alle anderen um acht Uhr aufstehen.
- Man poltert aber auch nicht schon um sechs durchs Haus, (Regel 6) wenn alle anderen noch schlafen.
- Schläft man im Wohnzimmer, (Regel 6) weil kein separates Gästezimmer vorhanden ist, packt man das Bettzeug zusammen und fragt höflich nach, (Regel 6) wo es tagsüber verstaut wird.
- Handtücher bringt man selbst mit oder fragt danach, (Regel 4) auf keinen Fall benutzt man ungefragt die Handtücher anderer, (Regel 6) die man im Badezimmer vorfindet.
- Des Weiteren sind im Badezimmer tabu: Kämme und Bürsten, (Regel 1) Zahnbürsten und Duschgels, (Regel 1) Kosmetika und Parfum sowie persönliche Gegenstände der Gastgeber.
- Es zeugt auch nicht von gutem Benehmen, (Regel 11) alle Schränkchen im Bad zu öffnen, (Regel 12) um nachzuschauen, (Regel 6) was es denn hier so alles gibt.
- Man erkundigt sich, (Regel 6) wie das Duschen gehandhabt wird. Vielleicht muss ein spezieller Boiler angeheizt werden, (Regel 6) damit für alle genügend heißes Wasser da ist. Häufig werden keine Vollbäder genommen, (Regel 12) um Wasser zu sparen und die Umwelt zu schonen.
- Es versteht sich von selbst, (Regel 6) dass man das Badezimmer nicht überschwemmt und die Toilette sauber hinterlässt.
- Man hält sich an die Essenszeiten und schleicht nicht heimlich an den Kühlschrank, (Regel 12) um sich den Bauch vollzuschlagen.
- Am letzten Tag des Besuchs fragt man nicht lange nach, (Regel 6) ob man das Bett abziehen soll, (Regel 2) sondern tut es einfach. Dann erkundigt man sich, (Regel 6) wo das Bettzeug und die benutzten Handtücher hinkommen, (Regel 12) um es nicht einfach liegen zu lassen.

Wer sich so verhält, (Regel 6) ist sicher ein gern gesehener Gast und wird wieder eingeladen.

(Nach: Franziska von Au. Knigge für Kinder – Gute Umgangsformen von klein auf. Urania-Verlag, Stuttgart 2005).

2 Formuliere für jedes Land mindestens zwei Tipps, die man in einem Reiseführer veröffentlichen könnte. Achte dabei auf die Höflichkeitsanrede.

Denken Sie in Italien daran, am Eingang eines Restaurants zu warten, bis Ihnen der Kellner einen Tisch zuweist.

Achten Sie in

Das richtige Verhalten bei Tisch spielte in früherer Zeit besonders in gehobenen Kreisen eine wichtige Rolle. Deshalb erschienen immer wieder aktualisierte Ratgeber zu Tischsitten und Umgangsformen.
Im Folgenden findest du Auszüge aus dem „Thesmophagia", einer mittelalterlichen Schrift über Essensregeln, sowie aus „Spemanns goldenem Buch der Sitte", einem Anstandsbuch von 1901. In beiden Werken finden sich Hinweise zum richtigen Verhalten bei Tisch.

3 a) Versuche mithilfe der Worterklärungen herauszufinden, welche Ratschläge in dem mittelalterlichen Text gegeben werden.
b) Formuliere drei Regeln in modernem Deutsch. Benutze dabei die Höflichkeitsform.

Beim Essen sollten Sie …

Cautela sumendi cibos – Vorsicht beim Speisen

Iß still, nit schmatz mit dîner spîse,
dann solich tùn macht schantlich wîse[1].
Mit essen für dich eben sehe[2],
daß dir zwên schaden nit geschehe,
der ein, das dû betreifest[3] all ding,
der ander, das dir spîß zerrint[4].
[...]
Und hiett dich vor dem bûrischen sitt[5]
Mitt armen uff dem Tisch lig nitt.
Such nitt din nutz in alle maß[6]
Dann[7] man lîcht spricht du syst ein fraß.

(Aus: Thornton Thomas Perry (Hg.), Sebastian Brant. Thesmophagia, in: Höfische Tischzuchten, Erich Schmidt Verlag, Berlin 1957)

Worterklärungen:
1 macht … wîse: führt dazu, dass Weise sich schämen müssen
2 Mit … sehe: Beim Essen gib genau Acht
3 betreifest: bekleckerst, volltropfst
4 das … zerrinnt: dass dir Speise nicht verlorengeht, auseinanderfällt
5 vor dem bûrischen sitt: vor der im bäuerlichen Stand üblichen Sitte, Gewohnheit
6 in alle maß: in jeder Hinsicht
7 dann: denn sonst

4 Lies folgenden Auszug aus einem Benimmbuch des vorigen Jahrhunderts und fasse das Thema des Auszugs in einer passenden Kapitelüberschrift zusammen.

5 Schreibe alle in Großbuchstaben gesetzten Abschnitte in korrekter Schreibweise in dein Heft.

Nach Wolf Graf von Baudissin: Spemanns goldenes Buch der Sitte (1901)

323. ______________________________

DIE SACHE KLINGT SO EINFACH UND IST SO SCHWIERIG. DAS EINFACHE BESTEHT DARIN, DASS MAN SICH EBEN MITEINANDER UNTERHÄLT, DAS TRAURIGE UND SCHWIERIGE ABER IST, DASS DIE MEISTEN KEINE AHNUNG HABEN, WORÜBER SIE SICH UNTERHALTEN SOLLEN.

„Mich kann einer totschlagen, wenn ich wüsste, wie ich beginnen sollte“, denkt der Herr. „ICH KANN DOCH NICHT FRAGEN, OB MEINE DAME SCHLITTSCHUH LÄUFT ODER OB SIE IN DIESEM WINTER SCHON VIEL GETANZT HAT, OB SIE GESTERN ABEND IM THEATER WAR ODER OB SIE MORGEN VIELLEICHT HINGEHEN WIRD? Das wäre dann doch zu dumm und erinnert gar zu sehr an die berühmte und berüchtigte Frage: Essen gnädiges Fräulein gerne Käse?“

„Wenn er doch nur den Mund aufmachen und irgendetwas, sei es auch noch so dumm und albern, sagen wollte“, denkt die Dame, „je törichter ein Gespräch anfängt, desto vernünftiger und netter wird es meistens im Laufe des Abends, während die Unterhaltungen, die Gott weiß wie geistreich beginnen, oft schon nach wenigen Sätzen im Sande verlaufen. Wenn er doch nur irgendetwas sagen wollte, ich kann doch nicht zuerst anfangen.“

SO SITZEN SIE STUMM WIE ZWEI ÖLGÖTZEN NEBENEINANDER UND FINDEN SICH GEGENSEITIG ENTSETZLICH FAD UND LANGWEILIG: DER EINE, WEIL IHM TROTZ ALLEN DENKENS UND GRÜBELNS NICHTS GEISTREICHES EINFÄLLT, DIE ANDERE, WEIL SIE SICH ALS DAME NICHT GETRAUT, DIE UNTERHALTUNG ZU BEGINNEN. [...]

324. Die Kunst zu plaudern, geistreich und amüsant zu plaudern, ist angeboren. Wer's nicht kann, der lernt es nie, aber sich zu unterhalten, kann jeder lernen, der es lernen will.

Wie es Briefsteller für solche Leute gibt, die da lieben, aber nicht imstande sind, ihren Gefühlen schriftlich den richtigen Ausdruck zu verleihen, so gibt es auch für jene Armen, die da plaudern wollen und nicht können, Leitfäden, die da lehren sollen, wie es gemacht wird. Ein derartiges Buch erschien vor einigen Jahren unter dem Titel: „KÖNNEN SIE PLAUDERN? [...] DAS BUCH BIETET SELBST DEM KAVALIER AUS GUTEM HAUSE ETWAS NEUES.“ [...]

(Nach: Spemanns goldenes Buch der Sitte. Gutes Benehmen: Anstandsbücher, S. 2158, bearbeitet von Wolf Graf von Baudissin, Stuttgart 1913)

Fremdwörter

Fremdwörter als Lernwörter

Die Schreibung vieler Fremdwörter muss man sich einprägen, es sind sogenannte Lernwörter, z. B. *Vegetarier, Rhythmus, Theke, Phänomen, faszinieren, appetitlich.*
Die Schreibung fällt aber leichter, wenn man einige Wortbausteine (Präfixe, Suffixe) von Fremdwörtern kennt, die häufig auftauchen. Z. B.:

- Inter-/inter- → Interesse/interessieren, Interaktion, interkontinental, ...
- Re-/re- → Reaktion/reagieren, Reanimation, Resozialisation, ...
- -tion → Dekoration, Sensation, Installation, Präsentation, ...
- -ieren → minimieren, plakatieren, präsentieren, ...
- -ismus → Terrorismus, Karrierismus, Vandalismus, Fanatismus, ...
- -al → regional, final, banal, Ritual, Kardinal, ...

1 Lies den Text „Barocke Tafelfreuden“ und unterstreiche alle Fremdwörter, die dir auffallen.

Barocke Tafelfreuden – höfische Tischkultur und kulinarische Genüsse

Die höfischen Tischsitten entwickelten sich aus den „Tischzuchten“, mittelalterlichen Benimmregeln zum angemessenen Verhalten an der Tafel. Bis zum 18. Jahrhundert verfeinerte der Adel diese Regeln zu einem komplizierten Tischzeremoniell. Geregelt wurde, wer an der Tafel bedienen musste und wie die Speisen zu servieren waren. Der gesellschaftliche Rang legte den Platz fest, den man an der Tafel einnahm. Großer Wert wurde auf Tischmanieren gelegt. Wer sie gekonnt beherrschte, wies sich als Mitglied der adligen Gesellschaft aus und grenzte sich dadurch von unteren Bevölkerungsgeschichten ab.

Im Barock diente die Tafel der Repräsentation und Selbstdarstellung des Herrschers. Aufwändige Tischdekorationen sowie wertvolle Gold- und Silbergerätschaften schmückten die standesgemäße Tafel. Um 1720 besaß Herzog Eberhard Ludwig von Württemberg unter anderem ein vergoldetes Service mit 96 Tellern und ein silbernes Service mit 91 Tellern; dazu gehörten jeweils noch Leuchter, Waschbecken und anderer Zierrat. Als Porzellan immer mehr in Mode kam, wurden Tafelservice aus dem „weißen Gold“ hergestellt. Von Porzellan zu speisen zeugte nicht nur von Reichtum und Luxus, sondern war auch Ausdruck einer kultivierten Lebensart.

Die höfische Tafel bot einen wahren Augen- und Gaumenschmaus: Anlässlich seiner Hochzeit ließ Herzog Carl Eugen drei Gänge mit jeweils 20 Speisen servieren. Die Speisen waren vielseitiger, gewürzter und kunstvoller zubereitet als die Mahlzeiten nichtadliger Zeitgenossen. Die feine Gesellschaft ließ sich raffinierte Pasteten, exotische Früchte und Tiere schmecken. Meeresfische und Schalentiere standen ebenfalls auf dem Speiseplan. Besondere Bedeutung hatten Konfekt und Zuckerwerk, die als kleine plastische Kunstwerke gestaltet wurden.

(Aus: http://www.schloesser-magazin.de/de/objekte/lb/m_thema/0410_oktober.php)

2 Beantworte folgende Fragen mithilfe eines Fremdwörterlexikons. Verwende in deiner Antwort auf jeden Fall das zugrunde liegende Fremdwort.

- *barock – Wie lautet die Übersetzung des portugiesischen Ursprungswortes, von dem die Bezeichnung „barock“ stammt?*

  → Übersetzt heißt „barock“ ______

- *Kultur – Welche Bedeutung des Wortes ist in der Überschrift des vorliegenden Text gemeint?*

  → (Tisch-)Kultur meint hier ______

- *kulinarisch – Aus welcher Sprache stammt dieser Begriff ursprünglich?*

  → ______

- *kompliziert – Nenne drei Synonyme, d. h. Wörter mit gleicher bzw. sehr ähnlicher Bedeutung.*

  → ______

- *Zeremoniell – Nenne den Plural des Wortes.*

  → ______

- *servieren – Finde heraus, in welchen Lebensbereichen man den Begriff „servieren“ verwendet.*

  → ______

- *Manieren – Finde das dazugehörige Adjektiv.*

  → ______

3 Ergänze für die übrigen Fremdwörter im Text eigene Fragen und notiere die Antworten auf ein eigenes Blatt.

Ein Lexikon-Quiz-Diktat durchführen

Fremdwörter, deren Bedeutung und Schreibweise man sich einprägen möchte, kann man zu zweit mit einem Lexikon-Quiz-Diktat üben.
Man braucht dazu ein Fremdwörterlexikon. Geht folgendermaßen vor:

1. Schreibt die ausgewählten Fremdwörter auf.
2. Schlagt diese im Fremdwörterlexikon nach und schreibt jeweils eine Frage auf, die mithilfe des Lexikons beantwortet werden kann.
3. Notiert die dazugehörige Antwort auf einem eigenen Lösungsblatt.
4. Tauscht eure Quizfragen aus und beantwortet die Fragen schriftlich mithilfe des Fremdwörterlexikons. Verwendet in eurer Antwort auf jeden Fall das zugrunde liegende Fremdwort.
5. Tauscht die Blätter mit den Antworten zurück und korrigiert die Ergebnisse eures Partners. Für jede richtige Antwort gibt es einen Punkt, für jeden Rechtschreib- bzw. Abschreibfehler wird ein Punkt abgezogen.

4 Führe mit dem folgenden Text ein Lexikon-Quiz-Diktat mit einem Partner deiner Wahl durch. Verfahre dabei wie im Methodenkasten angegeben.

Wolfram Schiebener: Was essen Stars? – Catering bei PUR

Wenn Rockstars auf Tournee gehen, dann verbringen sie wilde Nächte mit Groupies, nerven Hoteldirektionen mit extravaganten Sonderwünschen und ernähren sich hauptsächlich von Whiskey, Drogen, Junk Food und Bier – so die Meinung vieler Fans. Doch die Realität sieht häufig anders aus – zumindest, was die Ernährung anbelangt.

KostProbe[1] hat dem Tournee-Koch der deutschen Rockgruppe PUR, der mit seiner Küchen-Crew mehrere Monate lang jeden Tag 80 Personen vom Frühstück bis zum Abendessen verpflegt, bei seiner Arbeit über die Schulter geschaut. Dabei zeigte sich: Die Bandmitglieder von PUR essen überraschend abwechslungsreich, gut und gesund. Unterwegs bezieht die für die Verpflegung von PUR verantwortliche Cateringfirma „Catch-up" zweimal wöchentlich internationale Lebensmittel über den sogenannten „Rungis-Express" direkt vom Pariser Großmarkt. In jeder Stadt, die auf dem Tourneeplan steht, wird dann vor Ort die Frischware ergänzend eingekauft. Dabei wird auch schon mal das geplante Menü spontan geändert. Koch Jürgen Reisinger ist auf solche Überraschungen eingestellt. Er hat gelernt, flexibel zu reagieren. Der Chef legt vor allem Wert auf Qualität, für absolut frische Ware gibt er gerne etwas mehr Geld aus. Seine Auftraggeber akzeptieren das, denn mit ca. 25 Euro pro Tag und Kopf ist die Vollverpflegung trotzdem überraschend preiswert.

(Aus: www.wdr.de)

englisch	französisch	lateinisch	griechisch	...
• *Catering* • ...	• *Tournee*			

5 a) Ordne alle im Text enthaltenen Fremdwörter nach ihrer Ursprungssprache (auch bei dieser Zuordnung hilft dir das Fremdwörterbuch).
b) Ergänze pro Spalte fünf weitere Fremdwörter.

6 Verfasse mit möglichst vielen dieser Wörter einen Werbetext zum Thema: „Essen in der Schulmensa".

7 Lies den folgenden Text aufmerksam und fülle die Lücken mithilfe der Fremdwortsammlung unterhalb des Textes.

1 Fernsehsendung, die 14-tägig vom WDR ausgestrahlt wurde. Sie befasste sich mit Themen rund ums Essen.

8 a) Ordne den in der Wortsammlung übrig gebliebenen Fremdwörtern die passende etymologische Erklärung zu.

b) Verfasse mit diesen Wörtern nach dem Muster von Karl-Wilhelm Weeber einen eigenen Text mit eingestreuten Fremdworterklärungen.

Karl-Wilhelm Weeber (*1950): Champagner auf der Chaiselongue

In seinem Buch *Romdeutsch* legt Karl-Wilhelm Weeber auf humorvolle Art und Weise den lateinischen Ursprung zahlreicher Fremdwörter offen:

Früher hätte man mich für einen Heizer gehalten. Aber seit der Erfindung des Autos versteht man unter einem ______________ (calfacere, „warm machen") sozusagen den Lokomotivführer der Straße. Ich bin sogenannter __________ Fahrer (caput, „Kopf"; davon auch engl. chief) bei einem der führenden Manager einer großen ______________ (con + panis, die „miteinander Brot" essen). [...] Wir wohnen etwas außerhalb der __________ (civitas, „Stadt") in einer großzügigen Villa. Mein Chef spricht gern von seinem ____________ (castellum, „kleine Festung"). Wir haben einen eigenen Tennis-__________ (cohors, „Hofraum", „Gehege"). Aber den benutzt der Chef nur selten. Aktiver Sport ist nicht seine Sache. [...] Stattdessen liegt er beim Fernsehen auf der ________________ (cathedra longa, „langer Sessel") und schlürft ________________ (campania, „flaches Land", „Feld") – da ist er ein wahrer ________________ (cognoscere, „kennenlernen").

Gelegentlich nimmt er an ______________-Veranstaltungen (caritas, „Liebe", „Nächstenliebe") teil, bei denen sich die __________ (cramum, „Sahne") der Gesellschaft trifft. Mit __________ (carmen, „Lied", „Zauberspruch"; carminare, „bezaubern") übersteht er die ganze __________ (causa, „Sache"), wie er sie nennt [...].

Den __________ (clavus, „Nagel"; das Treffen des Nagels als „Höhepunkt") seines Privatlebens verrate ich Ihnen am Schluss. Was meinen Sie, wie mein Chef Urlaub macht? Von wegen Fünf-Sterne-Hotel oder Luxusjacht! Er macht ganz schlicht ____________ (campus, „Feld") – am liebsten übrigens dort, wo das Feld edle Tropfen hervorbringt: in der Champagne oder in Kampanien.

Das alles bleibt aber unter uns, ____________ (capere, „begreifen")?!

(Aus: Karl-Wilhelm Weeber. Romdeutsch. Warum wir alle Lateinisch reden, ohne es zu wissen, Eichborn-Verlag, Frankfurt a.M. 2006, S. 246 f.)

Getrennt- und Zusammenschreibung

Getrennt- und Zusammenschreibung bei Verbindungen mit Verben

Normalerweise werden in Sätzen Wörter, die eine Wortgruppe bilden, getrennt geschrieben. Im Folgenden betrachten wir die Wortgruppen mit Verben genauer:

1. Verbindungen aus Verb und Verb

- Verbindungen aus Verb und Verb werden grundsätzlich getrennt geschrieben.
- Verbindungen mit *bleiben* und *lassen* können aber auch zusammengeschrieben werden, wenn sich dabei eine übertragene Bedeutung ergibt. Z. B.: *sitzen bleiben/sitzenbleiben (= nicht versetzt werden); stehen lassen/stehenlassen (= sich abwenden); liegen bleiben/liegenbleiben (= unerledigt bleiben)*

2. Verbindungen aus Partikel und Verb

- Verbindungen mit dem Hilfsverb *sein* bilden eine Wortgruppe und werden immer getrennt geschrieben: *vorüber sein, vorhanden sein, beisammen sein, fertig sein, recht sein.*
- Zusammengesetzte Adverbien wie *aufeinander-*, *vorwärts-* oder Adverbien wie *quer-* werden mit dem Verb zusammengeschrieben, wenn sie in dieser Verbindung den Hauptakzent tragen, z. B.: *aufeinandertreffen, vorwärtsdrängen, querlesen.* In einigen Fällen kann der Schreibende entscheiden, ob er getrennt oder zusammenschreibt.

3. Verbindungen aus Adjektiv und Verb

Verbindungen aus Adjektiv und Verb schreibt man zusammen, wenn sich eine neue übertragene Bedeutung der Wortgruppe ergibt, die sich nicht aus den Bedeutungen der einzelnen Bestandteile erschließen lässt. Dabei liegt die Betonung (Hauptakzent) auf dem Adjektiv.

Z. B.: *falsch spielen/falschspielen (= betrügen), glattgehen (= klappen), klarmachen (= verdeutlichen), lahmlegen (= zum Stillstand bringen), schwarzsehen (= pessimistisch sein)*

4. Verbindungen aus Substantiv und Verb

- Die Verbindung von Substantiv und Verb wird üblicherweise getrennt geschrieben. Z. B.: *Maschine schreiben, Rad fahren, Fußball spielen, Angst haben, ...*
- In folgenden Fällen handelt es sich jedoch um „verblasste" Substantive, hier wird zusammengeschrieben.
  Z. B.: *eislaufen, kopfstehen, leidtun, nottun, standhalten, stattfinden, stattgeben, statthaben, teilhaben, teilnehmen, wundernehmen*

1 Den folgenden Übungstext haben Schülerinnen und Schüler einer 8. Klasse des Gymnasiums Alpirsbach entworfen. Entscheide, ob die vorgeschlagenen Wortgruppen getrennt oder zusammengeschrieben werden.

2 Notiere eine stichwortartige Erklärung für deine Entscheidung in die Klammern.

Warmer Mittagstisch in der Schule

Hatte man nachmittags Unterricht, so musste man häufig mit einem kalten Mittagessen VORLIEBNEHMEN (__________ + Verb, Erklärung: __________________________ also: __________________). Es war klar, dass dies den Schülern auf Dauer nicht GUTTAT (__________ + Verb, Erklärung: __________________________, also __________________). Auch die Eltern wollten sich mit der Situation nicht ZUFRIEDENGEBEN (__________ + Verb, Erklärung: __________________________, also: __________________). Deshalb nahm die Direktion Kontakt zu einem Restaurant auf, dass sich BEREITFAND (__________ + Verb, Erklärung: __________________________, also: __________________), ein günstiges, gesundes und geschmackvolles Mittagsmenü in die Schule zu liefern. Bei so einem Angebot sollte es nicht SCHWERFALLEN (__________ + Verb, Erklärung: __________________________, also: __________________), auf Döner & Co zu verzichten. Und tatsächlich, viele Schüler wollen nun am gemeinsamen Mittagessen in der Schule TEILHABEN (__________ + Verb, Erklärung: __________________________, also: __________________). Wir hoffen nur, dass sich in Zukunft auch die Lehrer einmal BLICKENLASSEN (__________ + Verb, Erklärung: __________________________, also: __________________).

3 Lies die folgenden Regelvorschläge und kreuze an, welche fünf deiner Meinung nach unbedingt in deiner Schule gelten sollten.

4 Fülle die Lücken in korrekter Rechtschreibung.

5 Entwirf drei eigene Regeln.

Für den Restaurantbesuch gelten allgemein anerkannte Benimmregeln, die in zahlreichen Benimmbüchern zu finden sind. Der folgende Text schlägt vergleichbare Regeln für das Speisen in der Schulkantine vor.

Dos and Don'ts in der Schulkantine

1. Beim Betreten der Schulmensa muss man sein Handy __________________ (stumm?schalten).
2. Jacke und Schultasche sollte man an der Garderobe __________________ (zurück?lassen), damit niemand mit gefülltem Speisetablett __________________ (darüber?stolpert).
3. Beim Anstehen an der Essensausgabe sollte man nicht __________________ (vorwärts?drängen), sondern aufeinander __________________ (Rücksicht?nehmen).

Zum Beispiel sollte man der Bitte eines anderen ______________________ (statt?geben), der es eilig hat, und ihn ______________________ (vor?lassen).

4. Du solltest bereits bei der Ausgabe des Essens ______________________ (Bescheid?sagen), wenn du eine kleinere Portion haben möchtest, damit keine unnötigen Reste ______________________ (übrig?bleiben).

5. Es kann nicht immer alles ______________________ (glatt?gehen): Sollte deine Lieblingsspeise nicht mehr ______________________ (vorhanden?sein), so darf man deswegen nicht dem Personal die ______________________ (Schuld?geben).

6. Beim Essen sollte man unnötige Geräusche wie Schmatzen, Singen oder lautes Rufen ______________________ (bleiben?lassen), sonst werden andere nicht neben dir ______________________ (sitzen?bleiben) und du musst ______________________ (alleine?sitzen).

7. Das Tablett darf nicht auf dem Tisch ______________________ (stehen?bleiben), sondern jeder muss es selber ______________________ (zurück?bringen).

Schwierige Fälle der Zeichensetzung

Das Komma bei Infinitivgruppen

- Wenn ein **einfacher Infinitiv mit „zu"** vorliegt, kann auf ein Komma verzichtet werden, sofern keine Missverständnisse entstehen.
  → Z. B.: *Sie beschlossen (,) zu essen.*
- Wenn eine **Infinitivgruppe** von einem Substantiv oder Verweiswort (*es, dazu, daran, damit, ...*) abhängt, muss sie durch Komma vom Rest des Satzes abgetrennt werden.
  → Z. B.: *Er verschenkte die Möglichkeit, ein gern gesehener Gast zu sein.*
  Der Rüpel dachte nicht daran, sich zu entschuldigen.
- Wird eine Infinitivgruppe mit *um, ohne, statt, anstatt, außer* oder *als* eingeleitet, dann muss sie mit Komma abgetrennt werden.
  → Z. B.: *Sie begann zu essen, ohne auf die anderen zu warten.*

1 Im folgenden Text fehlt fünfmal das Indefinitpronomen „nicht". Lies den Text aufmerksam und füge die fünf fehlenden Wörter an der passenden Stelle ein.

2 Setze die fehlenden Kommas bei Infinitivgruppen – die anderen Kommas sind bereits gesetzt.

Gutes Benehmen beim Kino- und Theaterbesuch

Bei einem Kino- oder Theaterbesuch achte man darauf rechtzeitig zu kommen und sich so frühzeitig an seinen Platz zu begeben, dass alle anderen in der Sitzreihe noch einmal aufstehen müssen. Dies ist vor allem dann zu beachten, wenn man in der Mitte sitzt. Wenn es doch einmal passiert, gilt die Regel so durch die Reihen zu gehen, dass man den bereits Sitzenden den Rücken zuwendet. Es empfiehlt sich ihnen das Gesicht zuzuwenden und mit freundlichem Lächeln „Entschuldigung" und „Danke" zu sagen.

Wer schon auf seinem Platz sitzt, wenn noch ein Nachzügler kommt, mag zwar genervt sein, weil es für ihn bedeutet wieder aufstehen zu müssen. Es zeugt jedoch von gutem Benehmen eine Grimasse zu ziehen und Sätze zu murmeln wie „Jetzt kommt noch einer! Wie oft geht das denn noch?". Gutes Benehmen zeigt sich darin freundlich aufzustehen und den anderen mit einem Lächeln vorbeizulassen. Gerade in älteren Kinos und Theatern sind die Sitzreihen nämlich oft zu eng um ohne Behinderung anderer durchzugehen. Da macht es das Durchkommen leichter, wenn man stur sitzen bleibt.

Während im Theater das Verbot gilt Speisen oder Getränke zu sich zu nehmen, gehört zu einem richtigen Kinobesuch natürlich Popcorn. Dies wird erst dann zum Problem, wenn man die Leckereien laut raschelnd oder schmatzend verzehrt. Es ist unerhört danach mit Papieren, Tüten und Bechern um sich zu werfen. Auch im Kino verlässt man seinen Platz nicht ohne seinen Abfall mitzunehmen und diesen in die dafür vorgesehenen Behälter zu werfen. Dies gilt übrigens auch für Kaugummis: Man klebt sie unter den Sitz.

(Nach: Franziska von Au. Knigge für Kinder – Gute Umgangsformen von klein auf. Urania-Verlag, Stuttgart 2005.)

3 a) Setze im folgenden Text alle fehlenden Kommas.
b) Begründe deine Entscheidung, indem du darüber die Nummer der entsprechenden Regel notierst. (Die wichtigsten Regeln der Zeichensetzung findest du im hinteren Buchdeckel.)

Als Übernachtungsgast bei Freunden und Familien

Wenn man einige Tage bei Freunden oder Verwandten zu Gast ist passt man sich den Regeln an, die in der Gastgeberfamilie gelten.

- Man schläft nicht bis in den späten Vormittag wenn alle anderen um acht Uhr aufstehen.
- Man poltert aber auch nicht schon um sechs durchs Haus wenn alle anderen noch schlafen.
- Schläft man im Wohnzimmer weil kein separates Gästezimmer vorhanden ist packt man das Bettzeug zusammen und fragt höflich nach wo es tagsüber verstaut wird.

- Handtücher bringt man selbst mit oder fragt danach auf keinen Fall benutzt man ungefragt die Handtücher anderer die man im Badezimmer vorfindet.
- Des Weiteren sind im Badezimmer tabu: Kämme und Bürsten Zahnbürsten und Duschgels Kosmetika und Parfum sowie persönliche Gegenstände der Gastgeber.
- Es zeugt auch nicht von gutem Benehmen alle Schränkchen im Bad zu öffnen um nachzuschauen was es denn hier so alles gibt.
- Man erkundigt sich wie das Duschen gehandhabt wird. Vielleicht muss ein spezieller Boiler angeheizt werden damit für alle genügend heißes Wasser da ist. Häufig werden keine Vollbäder genommen um Wasser zu sparen und die Umwelt zu schonen.
- Es versteht sich von selbst dass man das Badezimmer nicht überschwemmt und die Toilette sauber hinterlässt.
- Man hält sich an die Essenszeiten und schleicht nicht heimlich an den Kühlschrank um sich den Bauch vollzuschlagen.
- Am letzten Tag des Besuchs fragt man nicht lange nach ob man das Bett abziehen soll sondern tut es einfach. Dann erkundigt man sich wo das Bettzeug und die benutzten Handtücher hinkommen um es nicht einfach liegen zu lassen.

Wer sich so verhält ist sicher ein gern gesehener Gast und wird wieder eingeladen.

(Nach: Franziska von Au. Knigge für Kinder. Gute Umgangsformen von klein auf, Urania-Verlag, Stuttgart 2005, S. 82 f.)

Bildquellen

akg-images: S. 8, 9 (alle), 67 o. (Erich Lessing), 67 u. – Aus: Kjartan Poskitt, Die unendliche Welt der Planeten, aus dem Englischen von Michael Schmidt, Illustrationen von Daniel Postgate, Loewe Verlag, Bindlach 2003: S. 10, 11, 12 (alle), Lösungen S. 4 – Sterne und Weltraum: S. 15 – Verlagsarchiv Schöningh/Günter Schlottmann, Paderborn: S. 23, 32, 36, 38, 44 u., 45 (alle), 46, 47 – © ZEFA-Staebler: S. 25 – SV-Bilderdienst, München: S. 27 (1) – Photo Habermann: S. 27 (2, 3) – Böheim: S. 27 (4) – Verlagsarchiv Schöningh/Katharina Völcker-Lesaar: S. 30 – Aus: Die Welt der Maya in Mannheim, © 1993 Römer und Pelizaeus Museum, Hildesheim, Reiß-Museum der Stadt Mannheim, Philipp von Zabern, Mainz: S. 43 (Foto: G.D. Orti), 44 o. (Foto: J. Kerr), 44 m. (N. Grube) – © Katharina Mouratidi/Ostkreuz: S. 48 – Verlagsarchiv Schöningh/Jörg Sekler: S. 50 o., 59 – Aus: Dorit Heike Gruhn, Helmut Hermann, Mexiko kompakt, Reise Know-How Verlag, Markgröningen 2005: S. 50 u., 56 – Henri Stierlin, Genf: S. 52, 55 u. – THE ART ARCHIVE/E. Tweedy, The Museum of Mankind, London: S. 54 – Nationalinstitut für Anthropologie und Geschichte, Mexico: S. 55 o. – Massimo Borchi/White Star Archiv: S. 57 u. – ANA/M. Vautier: S. 58 – Deutsches Literaturarchiv Marbach: S. 61 (2 Abb.) – © bridgemanart.com: S. 66 – © CARO/Insa Korth: S. 69

Sollte trotz aller Bemühungen um korrekte Urheberangaben ein Irrtum unterlaufen sein, bitten wir darum, sich mit dem Verlag in Verbindung zu setzen, damit wir eventuell notwendige Korrekturen vornehmen können.